외로움 수업

외로움 수업

온전한 나와 마주하는 시간에 대하여

김민식 지음

생각
정원

온전한 나와
마주하는 시간에 대하여

부드러운 이슬비가 한번 내리면
풀밭은 한층 더 푸르러진다.
우리 역시 보다 훌륭한 생각을 받아들이면
우리의 앞날도 훨씬 밝아지리라.
자신의 몸 위에 떨어진 한 방울의 작은 이슬도
놓치지 않고 받아들여 커가는 풀잎처럼
우리에게 일어나는 모든 일을 최대한으로 이용할 수 있다면
그리하여 과거에 잃어버린 기회에 대해
애통해하는 것으로 시간을 보내지 않는다면
우리는 정말 복 받은 존재가 될 것이다.

-헨리 D. 소로

차례

(class 3)

외로움 수업, 모든 것들과 화해하는 시간

class 6

삶이란, 각자의 서프보드에서 파도를 타는 것

class 1

어느 날 문득
외로움이 찾아왔다

나는
무너지기로
했다

2020년 11월 10일 자 〈한겨레〉 신문에 글이 실리고 오후 2시에 문자가 왔습니다.

"○○ 매체의 ○○○ 기자입니다. 오늘 피디님께서 한겨레에 기고하신 글이 논란이 되고 있어서요. '부모님의 싸움 원인을 어머니의 다독 습관에서 찾는 건 주객이 전도된 게 아니냐는 지적. 아버지의 폭력을 이해하는 듯 보인다, 지적 우월감으로 폭력을 정당화시켜서는 안 된다는 지적.' 크게 이 두 가지로 특히 아버지의 폭력은 어떠한 이유로도 이해할 수 없다는 반응이 나오고 있습니다. 이러한 독자 반응에 대한 피디님의 입장을 들을 수 있을까요?"

문자를 보고 놀랐어요. 이전에도 포털에 올라간 〈한겨

레〉칼럼에 부정적인 댓글이 달리곤 했어요. 글의 본질과 관계없이 〈한겨레〉의 정치적 성향에 대한 욕설이나 나의 노조 활동 경력을 문제 삼는 악성 댓글에는 어느 정도 내성이 생겼어요. 그러다 보니 칼럼에 달리는 온라인 반응에 무심해졌는데, 기자가 연락할 정도의 논란이라니 당황스러웠어요. 댓글을 찾아 읽고 깨달았습니다. '내가 생각이 짧았구나. 성인지 감수성이 부족했구나. 하필 칼럼에 담고자 했던, 글 쓰는 사람이 사람들의 마음을 보살피지 못한다는 바로 그 잘못을 내가 저질렀구나.' 블로그와 〈한겨레〉에 올라간 칼럼을 내리고 바로 사과문을 게시했습니다.

> 김민식입니다. 독자 반응을 보며, 죄스러운 마음뿐입니다. 아버지의 폭력은 그 어떤 이유로도 절대 정당화될 수 없습니다. 글을 쓰는 사람은 글을 읽는 사람의 마음을 살피고 배려해야 한다는 주제로 글을 쓰다 정작 저 자신이 그 자세를 놓친 것 같습니다. 아직 공부가 부족함을 뼈저리게 느낍니다. 무엇보다 철없는 아들의 글로 인해 상처받으셨을 어머니께 죄송합니다. 많은 분의 지적을 받기 전에는 놓치고 있던 점입니다. 어머니의 사랑을 너무 당연한 것처럼 여기며 살지 않았나 뉘우치게 됩니다. 나 자신이 더 좋은 사람이 되어야 한다는 다짐을 되새깁니다. 제 글로 인해 불편함을 느끼신 여

러분께 사죄드리며, 가르침을 주신 많은 분께 감사드립니다.

그런데 급하게 쓴 글이 기름을 부은 격이 되었어요. 반성문에 성의가 부족하고 진정으로 잘못을 뉘우친 것 같지 않다는 지적이 이어졌습니다. 정확한 지적입니다. 신문 칼럼을 쓸 때 저는 두 달 이상 글감을 다듬고 고민하며 원고를 씁니다. 그 칼럼 역시 두 달 동안 붙들고 고민한 글인데 반나절만에 생각을 뒤집는 건 쉬운 일이 아니더군요. 잘못을 저지른 나와 반성하는 나 사이에 시간적 거리가 필요하다는 것을 깨달았습니다. 긴 시간을 두고 자숙해야 할 때란 걸 뼈아프게 느꼈어요. 진짜 반성은 그때부터 시작이었지요.

제 글은 가정 폭력을 정당화할 뿐만 아니라 책 읽는 여성, 책 읽는 약자를 모욕했다고 비판받았습니다. 오랜 세월 폭력의 피해자로 살아온 제가 폭력을 정당화하려 했다는 주장은 억울했지만, 모욕감을 주었다는 뼈아픈 지적에는 변명의 여지가 없습니다. 저의 미숙한 생각과 사려 깊지 못함이 많은 분께 상처를 준 게 분명하니까요.

제가 이 글을 통해 문재인 정부에 비판적인 일부 지식인을 저격했다고 생각한 사람도 많았습니다. 진보 진영에서는 성인지 감수성이 부족한 기득권의 민낯이 드러났다고 비난했죠. 사방에서 욕을 먹으니 너무 괴로웠습니다. 2018년 이후 힘겹게 정상화의 길을 걷고 있던 회사 MBC에 누를 끼쳤다는 죄의식에 고개를 들 수가 없었어요. 공력이 부족한 글로 제 발등을 찍었을 뿐만 아니라 동료들까지 욕을 먹게 만들었으니까요.

저는 어쩌다 그런 대형 사고를 친 걸까요? 사실 문제의 칼럼은 가정 폭력을 비판하려고 쓴 글이 아니었어요. 그런데 제 주장을 펼치기 위해 조심스럽게 다뤄야 하는 문제를 성급하게 끌어오면서 오히려 폭력이 더 본질적이고 중요한 문제라는 것을 놓쳐버렸습니다. 아버지의 폭력이 남긴 상처는 세월이 지나도 아물지 않아요. 절대 무뎌질 수 없지요. 피디로서 늘 시대의 변화를 놓치지 않으며 젊은 감각을 유지하고 있다고 자신한 것도 오만이었어요. 나름 많은 경험을 하고 많은 책을 읽으면서 쌓아온 앎에 대한 확신이 실은 얼마나 부박한 것이었는지, 부끄러웠어요.

우리 사회에 기득권이 된 50대 남자가 잘못을 저지르면 세상에 끼치는 폐해가 너무 큽니다. 저는 방송사 피디로서 작가로서 칼럼니스트로서 과분한 상징 권력을 갖고 있었어요. 성인지 감수성에 어긋나는 말과 글로 사람들에게 상처를 준 사람은 가진 것을 내려놓고 물러나는 길 말고는 속죄할 방법이 없습니다.

위로해 주는 고마운 이들도 있었지만 문제를 일으켰을

때 내 편을 들어주는 사람들의 말에만 귀를 기울이면 오히려 엇나갈 수도 있습니다. 제대로 반성하지 않는 사람은 언제고 똑같은 사고를 치고 맙니다. 내 편을 모아 그 안에서 보호막을 치는 대신, 철저하게 혼자가 되기로 결심했어요. 사과의 진정성은 모든 것을 내려놓아야 전해지겠지요. 7년 동안 온 마음을 다해 지키려 했던 MBC에서 불명예를 안은 채 나왔습니다. 이제 직장으로의 복귀는 불가능합니다. 공론의 장에 글을 쓰는 일의 무게를 깨달았으니 신문 칼럼 연재도 그만두었어요. SNS 활동을 비롯해 10년간 매일 써왔던 블로그도 중단했습니다. 2020년 12월, 칼럼이 게재된 지 한 달여 만에 일어난 일이에요.

자기 글에 대한 잘못과 부끄러움을 인정하고 물러나는 처신을 보고, 사람들 마음의 분노와 응어리가 조금이나마 덜어지기를 바랐습니다. 시대의 흐름을 읽지 못한 중년 남성이 치러야 할 혹독한 대가가 무엇인지 본보기가 되어도 괜찮다고 생각했습니다. 그렇게 공적 영역에서 내려놓을 수 있는 것은 다 내려놓았지만, 사적 영역에 있는 가족들이 겪어야 하는 고통은 어찌해야 할까요.

스무 살의
내가
오십의 나에게

신문 칼럼으로 난리가 났을 때 부산 고향 집에 내려갔습니다. 어머니를 찾아뵙고 싶었죠. 다행히 어머니는 인터넷을 하지 않아 온라인 반응을 모르셨어요. 당신의 이야기가 실린 신문을 꺼내놓고 이렇게 말씀하셨죠.

"완아(어머니는 저를 도완이라는 아명으로 부르십니다), 네가 예전에 쓴 칼럼은 항상 엄마에 대한 칭찬 일색이었는데 이번 글은 헷갈리더라. 책을 많이 읽는다는 칭찬인지 아버지의 마음을 살피지 못했다는 비난인지…."

"죄송해요. 엄마를 비난하려는 의도가 아니었는데 충분히 오해하실 수 있는 글이에요. 두 분 중 누가 좋고 나빴는지 제가 감히 어떻게 판단하겠어요. 어머니에게도 아버지에게도 나름의 사정이 있었을 거고 두 분 다 사시는 게 힘들어 서로의 마음을 헤아릴 여유가 없었을 거다 생각했어요."

"그래, 실은 네가 쓴 글을 읽고 문득 예전 일이 떠오르더라. 10년 전 아파트 뒷산에 내가 텃밭을 가꿨잖니. 어느 날 옆에서 텃밭을 가꾸던 노인이 묻더라. 요즘은 왜 바깥양반이 안 보이느냐고. 그때 네 아버지가 나랑 싸우고 집을 나갔을 때였거든. 일이 있어 바쁘다고 했더니 그러는 거야. 바깥양반이 새벽마다 와서 내 텃밭에 거름 주고 물 주고 그랬는데 요즘은 안 보여서 걱정했다고. 난 몰랐거든. 네 아버지가 내 텃밭을 보살펴 준 줄은. 네 글을 읽고 그 노인네 말이 떠올랐어. 어쩌면 네 아버지도 나름의 진심은 있었는데 내가 그걸 몰라준 게 아닐까. 그 서운함이 그이에게도 상처가 된 게 아닐까…."

어머니와 아버지, 두 분이 이제 와서 화해하며 살기를 바라지는 않습니다. 이미 깊은 상처를 입은 사람들이 같이 산다는 건 끊임없이 과거의 고통과 직면하는 일이니까요. 문제는 저었어요. 두 분은 각자의 자리에서 더는 미워하지 않고 여생을 보내시겠지만 여전히 어머니의 아들, 아버지의 아들인 저는 마음속 응어리를 풀지 못했던 겁니다. 어둡던 시절을 지나 괜찮아진 줄 알았는데 여전히 과거에서 벗어나지 못했다는 것을 깨달았어요.

서울로 돌아가는 날 어머니가 종이 꾸러미를 내오셨어요. 고향 집에 두고 온 제 일기장이었습니다. 군대 갈 때 제가 버리고 간 일기장을 어머니는 따로 챙겨두셨나 봐요. 그중에는 1988년 2월에 쓴 글이 있었습니다.

대학 입학을 앞둔 여러분께

저는 1년간의 신입생 생활을 막 끝내고 이제 2학년에 진급하는 사람입니다. 그간 저에게 입학을 앞두고 대학 생활에 대한 조언을 구한 후배들이 여럿 있었어요. 해서 제가 1년 동안 책이나 선배, 친구들을 통해 대학 생활에 대해 배우고 느낀 점 몇 가지를 적어볼까 합니다.

이제 여러분은 성인입니다. 여러분의 뜻대로 무엇이든 할 수 있는 대신 꼭 그에 대한 책임을 져야 합니다. 대학 생활이 무한한 자유라고 느껴지겠지만 방종이란 선을 그어 여러분 자신을 챙길 줄도 알아야 합니다. 대학에서 1년이란 시간은 지나고 나면 순식간처럼 느껴질 겁니다. 뒤늦게 다시 오지 않을 세월을 두고 후회하거나 아쉬워하는 이도 많습니다. 산다는 것은 순간의 축적입니다. 순간순간을 소중히 살아가십시오.

책을 가까이하시기 바랍니다. 대학생에게 독서는 취미가 아니라 필수요건이지요. 책은 읽을수록 자신의 무지를 깨닫게 해줍니다. 아무리 많이 해도 지나치지 않는 게 있다면 바로 독서입니다.

행동하십시오. 대학인은 생각한 것을 행동으로 옮길 줄 압니다. 생각이 모자랐거나 조급한 행동일까 우려해 망설이지 않습니다. 옳다고 생각한 것을 행동했으면 그것으로 옳은 것이지요. 젊음은 기성이 아닙니다. 불안하지만 그 불안이 미래를 창조합니다.

사랑하십시오.. 여러분이 일생을 바쳐 노력해도 결코 후회하지 않을 것이 사랑입니다. 사랑은 사람의 마음을 정화하는 가장 큰 힘입니다.

이상을 지니십시오. 일개 월급쟁이의 자질을 갖추기에 급급하지 말고 좀 더 원대한 이상을 품고 대학 생활을 이끌어 가십시오.

주워들은 풍월이 너무 길어졌습니다. 여러분의 멋진 대학 생활을 기대해 보며 이만 글을 줄입니다.

글을 읽는 내내 손발이 오글거렸습니다. '아, 스무 살의 나는 뻔뻔하게도 이런 글을 쓰는 아이였구나.' 고작 1년 대학 생활을 하고 신입생들에게 충고랍시고 글줄을 내미는 저 자신이 창피해 고개를 들지 못하겠더군요. 글씨는 또 왜 이렇게 엉망인지, 제가 글씨를 참 못 써요. 악필로 꾹꾹 눌러 쓴 글, 여기저기 지웠다 다시 쓴 흔적을 보고 있자니 측은한 마음이 듭니다. 그런 가운데 한 줄 문장이 눈에 밟혔습니다.

'책을 가까이하시기 바랍니다.'

스무 살의 저나 지금의 저나 책을 가까이하기를 권하고 있네요. 진심이었을 겁니다. 그 시절 독서가 저에게 얼마나 큰 구원이었는지 지금의 저는 알고 있으니까요.

다시 글을 쓰기로 마음먹는 게 쉽지 않았습니다. 글로 사고 친 내가 다시 글을 쓰고 책을 내는 게 옳을까. 또다시 사람들의 분노를 자아내는 건 아닐까. 이대로 계속 칩거하며 살아야 하는 게 아닐까. 어머니가 옛 일기장을 챙겨주신 건 아마도 제가 과거와 화해하길 바라는 마음이셨던 거 같아요. 고심 끝에 아들을 챙겨주려 하신 어머니의 따듯한 손길이 느껴졌어요.

어머니가 챙겨주신 30년도 더 된 오래된 일기장을 여러 번 읽었어요. 고작 나보다 한두 살 적은 후배들에게 던진 '책을 읽고 행동하고 사랑하라.'는 젊은 목소리가 나를 향해있었어요. 옛 일기장에서 스무 살의 나를 만난 쉰다섯의 나는 그렇게 뜻밖의 힘을 얻었습니다. 저 글을 써내려가던 스무 살의 마음을 떠올리며 나는 부족하지만 그럼에도 다시 글을 쓸 용기를 내보기로 했습니다.

딸아이의 선물,
오랜
숙제를 풀다

　불명예를 안고 회사를 나왔을 때 큰딸 민지가 저에게 은퇴 선물을 주었습니다. MBC 피디로 활동하던 24년 동안의 제 모습을 손수 만든 필름 엽서에 정성껏 담아주었어요. 아이는 적어도 자기는 아빠가 어떤 사람이었는지 봐왔으니까 아빠의 진심을 이해한다고 말해주는 거 같았습니다.

　민지는 어려서부터 양성평등과 기후 위기에 관심이 많았어요. 수능이 끝나자마자 광화문 수요 집회에 달려나가 추운 겨우내 위안부 할머니들을 위한 연대 시위를 했어요. 대학에 들어가자 에코 페미니스트로서 채식을 실천하고 대학생 기후 행동 시위를 주도했습니다. 성차별 문제에 대해서도 적극적으로 발언을 하며 대학 단과대 여성인권 위원장으로 일했습니다. 주위 사람들은 민지의 이런 모습을 보며 말했어요.

"아이가 어릴 때부터 아빠의 사회 참여 활동을 지켜보며 영향을 많이 받았나 봐요."

그런데 어느 날 아빠가 자신이 활동하는 커뮤니티에 공공의 적으로 떠오른 겁니다. 아이는 얼마나 당황했을까요. 처음에는 너무 미안해 얼굴을 마주할 자신이 없더군요. 사실 저는 민지에게 해준 게 별로 없습니다. 혼자 책을 읽고 공부하며 자기 생각을 단단하게 만든 아이거든요. 언제나 스스로 결정하고 실천하는 사람이었죠. 칼럼의 후폭풍을 의연하게 견뎌내는 딸의 모습을 보며 생각했어요.

'이렇게 문제 많은 아빠에게 저렇게 훌륭한 딸이 나올 수도 있구나.'

어느새 아이가 내 품이 아니라 자기만의 세계에서 온전한 성인으로 살아가고 있다는 걸 느꼈습니다. 철든 딸에게 뜻밖의 위로를 받고 나니 모든 게 달라진 상황을 고스란히 받아들일 수 있겠더라고요. '힘들지만 이 시간을 잘 보내야 한다.'

고등학교 진로특강에 갔을 때 한 학생이 물었습니다.

"드라마 피디로 살면서 가장 힘들 때가 언제인가요?"

"내가 이 학교 전교 꼴찌라고 생각해 봐요. 그걸 아는 사람이 아무도 없으면 좀 덜 힘들어요. 그런데 전교생이 그걸 알고 우리 동네 사람들까지 안다고 생각해 봐요. 사는 게 힘들겠지요? 드라마 피디는요, 시청률 꼴찌를 하면 뉴스에 나고 온 국민이 다 알아요."

"그렇게 힘들 땐 어떻게 하나요?"

"일단 이게 다 내 잘못이라고 생각해요. 그래야 덜 힘들거든요."

시청률이 부진할 때 찾아오는 유혹이 있어요. 남 탓으로 돌리고 면피하고픈 유혹이죠.

'작가가 대본을 못 쓴 거야.'

'배우가 연기를 못한 거야.'

'카메라 감독이 못 찍은 탓이야.'

'편집이 엉망이었지.'

이런 유혹에 굴복하면 당장 내 마음은 편해질지 모르겠으나 장기적으로는 더 많은 것을 잃게 됩니다. 작가나 배우는 예민한 사람들이에요. 대중의 외면을 받으면 상처를 잘 받아요. 이때 리더로서 피디의 역할은 상처받은 이들을 돌보는 겁니다. 그 사람을 탓하는 마음이 있다면 위로는커녕 상대를 외면하게 되죠. 제작진에게 시청자의 무관심보다 더 아픈 건 피디의 배신입니다. 결국 소문이 퍼져요. '그 감독은 작품 안되면 작가 탓, 배우 탓 하더라.'

직업인은 누구나 평판 게임에서 자유롭지 못해요. 나와 함께 일한 사람들을 등지고 좋은 평판을 쌓는 길은 없고요.

드라마 피디가 살길은 하나뿐이죠. 드라마가 대박이 나면 모든 걸 다른 사람 공으로 돌리고, 쪽박을 차면 모든 게 자신의 탓이라고 고개를 숙입니다. 작가와 대본을 고르고 배우와 제작진을 꾸리는 것도 피디의 일이니까요. 나와 함께 일하는 전문가들이 일을 제대로 못 했다면 둘 중 하나거든요. 사람을 잘못 뽑았거나 업무 지시를 잘못해서 실력 발휘를 못 하게 했거나. 둘 다 피디의 잘못입니다.

남이 망친 인생이라고 탓만 해서는 답을 찾을 수 없어요. 해결책이 내게 있다고 믿어야 무엇인가 시도할 수 있어요. 그러기 위해서는 이제 40년 해묵은 나의 마음과 온전히 마주해야 합니다. 논란을 겪고 나서야 깨달았어요. 나는 아버지만 미워했던 게 아니구나. 내 마음 깊은 곳에는 어머니에 대한 원망도 컸구나. 중고생 시절 제 성적은 반에서 중간 정도였어요. 두 분 모두 교사였던 부모님의 기대에 한참 못미치는 학생이었지요. 성적표가 나올 때마다 당신의 학교에는 어려운 환경에도 전교 1등 하는 아이들이 있는데 너는 뭐가 부족해서 이렇게 공부를 못하는 거냐며 혼쭐이 빠지게 꾸중을 들었어요.

아버지가 들었던 매는 어머니가 구해오신 거였죠. 어머니가 재직하던 학교의 학부모 중에 경찰서장이 있었어요. 그가 경찰봉에 '사랑의 매'라고 써서 학교에 기증했습니다.

그걸로 학생을 때렸더니 종아리에 시퍼렇게 멍이 들었습니다. 한 번 써본 교사들이 기겁했습니다. 애 잡겠다며 버린 걸 어머니가 집에 가져오셨어요.

아버지가 육체적 폭력을 가했다면 어머니는 정서적으로 나를 내몰았어요. 때리는 아버지도 미웠고 말리지 않는 어머니도 원망스러웠죠. 나이 오십이 넘어서까지 그 어린 시절의 상처를 돌보지 못했다는 걸 미처 몰랐어요. 제가 많은 사람에게 상처를 준 것도 죄스러웠지만 무엇보다 두 달 동안 글을 만졌으면서도 그 글의 문제점을 인식하지 못했다는 부끄러움에 숨이 턱 막히더군요. 그제야 곪아 꼬여버린 제 인식의 민낯을 마주했던 겁니다.

아이가 만들어준 엽서를 보고 또 봤습니다. 스무 살에 불행했던 내 모습이 떠오릅니다. 어떻게든 부모님 슬하에서 벗어나고 싶었던 저는 대학에 진학해 서울살이를 하면서 겨우 독립했어요. 그러나 대학에서도 괴롭기는 마찬가지였어요. 적성에 맞지 않는 전공 공부도 싫었고 과 동기들과 잘 어울리지도 못했죠. 부모님에 대한 원망만 싸안고 있던 제가 나이 마흔에도 부모님 탓만 하고 있겠구나 싶은 생각에 태도를 바꿨어요. 내 삶의 조건을 바꿀 수는 없어도 내 삶의 태도는 내가 정할 수 있을 테니까요. 내 인생에서 일어나는 모든 일이 내 탓이라고 믿는 순간, 삶은 변하기 시작했죠. 좋아하는 책을 읽고 영어 공부에 몰두하며 내 인생의 운전석에 앉게 된 겁니다. 하지만 미래를 바꿀 수는 있어도 과거를 바꿀 수는 없죠. 악착같이 앞으로만 나아가던 인생이 원망과 미움으로 점철된 과거에 발목 잡힌 겁니다.

　나의 과거, 부모님과 화해해야 풀려날 수 있다는 걸 알지만 쉽지 않아요. 태도를 바꿔도 감정은 남습니다. 그 돌덩이 같은 감정이 딸아이의 위로에 무너지듯 녹아내렸어요. 용기를 냈습니다. 어머니와 중년의 아들이 처음으로 마음을 터놓고 마주 앉았습니다. 오래전에 나눴어야 할 얘기들은 한마디 한마디 더디고 서툴게 흘러나왔습니다. 아버지와 어머니를 향한 원망만은 아니었어요. 부모님 마음에 들지 않는 나 자신이 얼마나 싫고 미웠는지, 그래서 얼마나 외로웠는지를 말씀드렸어요. 그 시절, 나는 나 자신이 참 싫었어요. '책 읽는 건 그렇게 좋은데, 수학 문제는 왜 그렇게 싫을까. 내가 수학만 잘하면, 내가 의대만 가면, 모두가 행복할 텐데, 왜 나는…' 하고 자책했어요. 그 이야기를 하면서 나도 모르게 그때 내 마음이 그랬었구나, 라는 걸 알게 되었어요. 어머니는 조용히 들으셨어요. 돌아오는 길이 이상할 정도로 쓸쓸했어요. 이제야 그토록 바라던 독립을 한 걸지도 모르겠습니다. 이제 저도 철이 들까요?

밭을
갈아엎으며

정신없이 살다가 중년에 들어 처음으로 뼈저리게 외로움을 느껴본 건 2013년이었어요. 노조 부위원장으로 파업에 앞장선 후 정직 6개월, 대기발령, 교육발령 등 징계 3종 세트를 받고 그랜드슬램을 달성했지요. 경영진에 미운털이 박혀 피디로서 인생은 끝났다고 생각했어요. 사람들 앞에서는 최대한 당당해 보이려고 노력했지만 속은 까맣게 타들어 갔지요. 그때 읽은 책이 《당신의 인생을 이모작하라》(최재천, 삼성경제연구소)입니다. 2005년에 나온 이 책의 부제는 '생물학자가 진단하는 2020년 초고령 사회'였어요.

최재천 교수님은 이 책에서 '고령화 사회란 모두가 외로워지는 세상'이라고 합니다. 직장을 나온 은퇴자들은 혼자 보내는 시간이 많아집니다. 부부가 같이 해로하면 좋겠지만 초고령 시대에 둘 중 하나는 배우자를 먼저 보내고 남은 인생을 살아야 하죠. 긴 노후를 혼자 어떻게 보낼 것인가? 최 교수님은 삶을 이모작한다는 생각으로 새로운 직업을 찾아 가야 한다고 말해요.

수렵 채집부터 농업, 공업에 이르기까지 인간은 협업으로 먹거리를 구했어요. 사냥과 채집활동은 운의 영향을 받 죠. 먹을 게 남으면 나눠주고 부족하면 얻을 수 있어야 생존 할 수 있습니다. 농사도 마찬가지예요. 땅을 개간하는 것부 터 모내기와 벼 베기 등 전부 협업으로 이루어집니다. 현대 의 공장이나 사무실 노동 역시 마찬가지죠. 철저하게 전문 화된 분업과 협업으로 결과물을 만듭니다. 협업이 생존의 중 요한 수단이었기 때문에 사람은 외로움을 고통으로 느끼는 방향으로 진화했다고 해요. 외로움을 피하려면 사람들과 어 울려 살아가야 하니까요.

그런데 저는 어려서부터 늘 단체 생활이 힘들었습니다. 학창 시절에는 친구들과 어울리지 못했고 커서도 직장 상사 와 잘 어울리지 못해 사회생활이 고단했어요. 그때 상사가 붙인 별명이 '아메리칸 스타일'이었어요. 개인주의자라는 비 난이 담긴 별명이지요. 악착같이 일하다가 나이 마흔이 넘어 갑자기 아무것도 할 수 없는 상태에 내몰려 허우적거리던 저는 사람들과 부대끼는 걸 더 기피하게 되었지요. 술, 담배, 커피를 안 하니 브레이크 타임이나 회식에서 사람들과 뒷담화를 나눌 일도 거의 없었죠. 시간이 나면 주로 혼자 책을 읽으며 지냈습니다. 그렇게 책 구덩이로 숨어들어 문을 걸어 잠그고 지내던 중 이 책을 만났어요. 당신의 인생을 이모작 하라는 최재천 교수님의 이야기를 곱씹다가 마침내 변화를 꾀하기 시작했어요.

이모작이란 같은 땅에 다른 품종의 농작물을 두 번 심어 거둔다는 뜻이에요. 오십 이후의 삶을 농작물을 거둔 땅에 두 번째 품종을 심는 거라 여겨야 한다는 거죠. 처음 심은 작물만큼의 수확이 어려워도 꾸준히 할 수 있으면서 약간의 생산성이 있는 새로운 일, 1인 크리에이터가 되어보기로 결심했습니다. 회사가 맡겨줘야만 일할 수 있는 드라마 피디 말고 혼자서도 할 수 있는 일, 그렇게 찾은 일이 '작가'입니다.

책에서 예측한 대로 2020년 초고령 사회가 올 때까지 매일 글쓰기를 훈련해 작가로서 인생을 이모작해 보자 마음먹었어요. 그렇게 2013년 블로그를 시작해 글쓰기에 매진했습니다. 10년 동안 매일 아침 블로그에 글을 올렸어요. 수확은 5년 후부터 시작되더군요. 2017년에 낸《영어책 한 권 외워 봤니?》(위즈덤하우스)가 운 좋게 베스트셀러가 되고, 2018년에는 드라마 피디로 복귀했습니다. 피디로서 연출을 재개하고 저자 강연도 하고 유튜브도 했어요. 인생 이모작을 하려다 삼모작, 사모작까지 하게 된 거죠. 이렇게 생각했어요.

'이제 병충해로 벼가 시들어도(드라마 연출로 망해도) 밥 굶을 걱정은 없다. 감자(칼럼 기고)도 있고 고구마(출판)도 있고 약재 식물(유튜브)까지 키웠으니까.'

노후 준비는 끝났다고 생각한 순간, 쓰나미를 동반한 태풍이 몰아닥쳤습니다.

2020년 11월 신문에 낸 글이 평지풍파를 일으키며 거센 역풍이 되어 휘몰아쳤습니다. 예전에 노조 집행부로 일하며 싸울 때 온라인상에서 욕을 좀 먹어봤어요. 종북좌파 빨갱이라는 소리도 듣고 '저놈의 목을 치라!'는 험한 소리도 들었지요. 그래도 힘들지 않았어요. '나쁜 놈들이 하는 말은 내게 상처가 되지 않는다. 저들이 소리 높여 나를 욕하는 건 내가 잘 살고 있다는 뜻이니까.'라고 마음을 추스르며 계속 싸움을 이어갔죠.

하지만 2020년에는 달랐어요. 좋은 사람들이 선한 의도로 나를 비난하는 글은 상처가 되더군요. 블로그에서도 저에 대한 원성과 비난이 이어졌습니다. 안타까운 마음에 위로의 댓글을 남긴 분들도 있었습니다. '피디님, 살다 보면 실수할 수도 있는 거죠. 너무 자책하지 마세요.' 그런 글이 다시 분노를 불러왔어요. '이 사람이 얼마나 나쁜 짓을 했는지 몰라? 어떻게 이런 사람을 편들 수 있는 거지?' 나를 응원해 준 사람까지 욕을 먹는 상황이었어요. 좋은 의도를 가진 이들이 서로를 비난하며 싸우는 형국으로 치달았어요. 저의 잘못으로 인해. 그때 결심했습니다. 철저히 외로워지기로.

인생 이모작을 위해 오랜 시간 가꾸어온 터전을 내 손으로 갈아엎었습니다. 24년째 다니던 회사에 사표를 냈습니다. 10년째 매일 글을 올리던 블로그를 중단했어요. 몇 년째 연재하던 신문 칼럼을 접었습니다. 한창 재미를 들인 유튜브 독서 채널 진행도 그만뒀습니다. 잘못을 저질렀을 때는 철저하게 외로워져야 합니다. 어설프게 내 편을 모아 상황을 모면하려다 오히려 더 큰 위기를 부를 수도 있어요. 섣불리 뭔가를 지키려다 더 소중한 것까지 잃을 수 있기에 미련 없이 내려놓았습니다. 조용히 물러나서 혼자 견뎌보자고, 외롭고 쓸쓸해도 말입니다. 통증의학 전문의인 오광조 선생님의 책 《외로움은 통증이다》(지상사)에서 이런 문장을 보았어요.

내 잘못을 알고 고치는 반성은 성장에 꼭 필요하다. 그러나 반성에 머무르면 자책이고 반복되면 자학이다.

잘못을 저지른 사람이 뉘우치며 사는 일도 쉽지는 않습

니다. 어떻게 살아야 할까요? 혼자서 할 수 있는 게 책 속에서 답을 구하고 글쓰기로 고민을 이어가는 것뿐입니다. 내가 좋아하는 사람들에게 상처 주는 사람이 될까 봐 여전히 두렵습니다만, 반성을 통해 성장하는 삶을 꿈꾸기에 다시 나의 터전으로 걸음을 옮겨봅니다. 씨앗을 뿌리고 작물이 자라는 시간을 견뎌야 한다는 것을 알고 있으니 서두르지 않고 성실하게 땀 흘려보려고요.

조금 더 낮게
패배하기
위하여

신은 모든 사람의 필요를 충족해 주지만, 단 한 사람의 탐욕
도 만족시킬 수 없다.

간디가 남긴 말입니다. 인생을 어떻게 사느냐의 문제는
자신의 욕망을 어떻게 다스릴 것인가 하는 문제와 연결됩니
다. 에리히 프롬의 《소유냐 존재냐》(차경아 옮김, 까치)를 읽
고 무엇을 하나 더 소유하는 것보다 하나 더 경험하는 삶을
선택해야 한다고 생각했어요. TV 시청보다 독서를 선호하
는 피디가 된 것도 그 때문입니다. 미디어가 그리는 풍요로
운 세상은 욕망을 반영하며 특히 소유욕을 자극합니다. 반
면 책은 탐욕을 경계하라고 일러줍니다. 제가 닮고 싶은 어

른 중 한 분이 홍세화 선생님인데요. 선생님의 책 《결 : 거칢에 대하여》(한겨레출판)에 나오는 글입니다.

> 소박한 자유인은 거창하지 않은, 소박한 자아실현으로 만족할 줄 알며 특히 생존 조건을 소박한 수준에서 멈출 줄 아는 사람이다. 물질적 소유에서는 물론, 이웃과 연대하려는 열정에서 비롯된 자아실현에서조차 그것이 지나친 욕망으로 비화하지 않도록 절제할 줄 아는 소박한 자유인, 이것이 고결함의 한 모습일 것이다.

평생 투사로 살아온 홍세화 선생님은 연대가 필요한 투쟁 현장이라면 어디든 달려갑니다. 해군기지 반대 투쟁을 벌이는 제주 강정이나 송전탑 반대 싸움을 벌이는 밀양에 가면 질문을 던진답니다.

"지금까지 어느 정당에 표를 주어왔나요?"

세월호 참사와 가습기 참사 등 정치 권력의 무능력, 무책임에 의해 고통과 불행을 겪은 분들에게도 같은 질문을 던집니다.

"당신들의 투쟁에 연대하려고 달려오는 사람들은 주로 누구인가요? 당신이 그동안 표를 준 사람들인가요? 당신이 투표한 사람은 거들떠보지도 않은 반면, 그동안 관심이 없거나 부정적으로 생각했던 정당이나 시민사회단체 또는 노동조합 사람들이 주로 찾아오지 않던가요?"

정치가 혐오스러워 정치에 대한 관심을 잃고 더 이상 투표하지 않는다는 청년에게 선생님은 묻습니다.

"그러면 혐오스러운 정치는 누가 바꿔주나요? 당신이 정치에 관심을 보이지 않고 투표조차 하지 않으면 혐오스러운 정치인들이 정치를 계속 독점적으로 장악할 것이고 그러면 정치는 앞으로도 계속 혐오스러운 모습 그대로일 텐데요?"

저도 정치에 대해 냉소적이었어요. 대학에 다닐 때는 정치적 이상을 좇는 대신 좋아하는 책을 읽고 춤을 추며 살았지요. 사석에서 정치는 대화나 조롱을 위한 소재였지, 내 삶의 한 부분이라 생각한 적이 없었어요.

내가 정치를 외면하니 결국엔 정치가 내 삶을 외면하더군요. 이명박 정부 시절, 사랑하는 직장 MBC가 망가지는 모습을 보고 대오각성했어요. 경상도에서 나고 자라 보수적인 정치 성향을 갖고 살던 제가 바로 그 보수적인 정당에 의해 괴롭힘을 당하게 될 줄은 꿈에도 몰랐습니다. 2012년 파업 당시 검찰이 제게 징역 2년 형을 구형했을 때 법정에서 이렇게 말했습니다.

"검찰은 저를 방송사 파업을 주도하는 종북좌파 빨갱이로 보는 모양인데 저는 자유민주주의를 신봉하는 사람입니다. 자유민주주의자로서 제게 가장 중요한 자유는 언론의 자유고, 민주주의 국가에서 공영방송의 주인은 국민이라 생각하기에 언론의 자유를 지키고 국민의 알 권리를 지키기 위해 싸운 겁니다."

예전에는 제도가 나의 자유를 구속했다면 요즘 나를 구속하는 건 나의 욕망입니다. 더 가지고 싶다는 욕망 때문에 스스로 삶을 옥죄고 살지요. 군부독재보다 더 무서운 건 자본독재인가 봐요. 나도 모르게 자본의 노예가 되어 '더! 더! 더!'를 외치며 삽니다. 이럴 때는 죽비로 내리치는 스승의 말씀으로 나를 깨워야 해요.

자유는 외로움을 대가로 치러야 한다. 외로움과 함께 밀려오는 심리적 불안도 대가로 치러야 한다. 자유는 외로움과 불안의 조건 아래 얻을 수 있으므로 자유인은 외로움을 즐길 줄 알아야 하며, 심리적 불안을 극복할 수 있는 독립성을 갖춰야 한다.

나의 외로움을 다시 들여다봅니다. 외로움과 싸우는 게 힘든 이유는 불안에 자신의 영혼을 잠식당할 수 있기 때문입니다. 이것이 자유의 대가라면 기꺼이 이 외로움을 껴안고 살아가 보려고 합니다. 회사를 지키기 위해 투사가 되었던 시절에는 비겁하게 내 한 몸 건사하느니 멋지게 지는 것을 신념으로 삼았어요. 그때는 동지들이 있었고 공정사회를 지키는 대의가 있었지요. 하지만 지금 나의 투쟁은 나 혼자 내 삶을 바로잡기 위한 싸움이라 죽기 전까지 승패가 갈리지 않을 겁니다. 내가 사라진 후에 조금 더 낫게 패배한 삶으로 기억되고 싶어요. 끝이 보이지 않는 이 싸움은 내가 갖고 있던 것을 내려놓는 것에서 시작합니다.

바람과
함께
사라진다는 것

좋아하는 책이 있으면 여러 번에 걸쳐 다시 읽곤 해요. 《바람과 함께 사라지다》(마거릿 미첼, 안정효 옮김, 열린책들)는 볼 때마다 새롭게 읽히는 소설입니다. 첫 직장에서 잘 적응하지 못해 이리저리 치이던 20대의 제가 반한 건 남자 주인공 레트 버틀러였죠. 레트는 참 쿨해 보였어요. 품행이 방정하지 못하다고 집에서 쫓겨났고 상류사회에서 손가락질을 받는 외톨이였는데도, 그는 외로움을 즐기는 것 같았어요. 모두가 전쟁의 광기에 빠져 남군의 승리를 점칠 때 혼자 입바른 소리를 하는 반골이었죠.

북부에는 공장이 있고 남부에는 농장이 있어요. 북군이 공장에서 만든 총과 대포로 쳐들어올 때 여러분은 면화 솜으로 총알을 막을 건가요? 그 잘난 남부의 자존심이 여러분의 목숨을 지켜줄까요?

무엇보다 부러운 건 스칼렛 오하라를 향한 그의 사랑이었어요. 스칼렛의 관심은 온통 애슐리뿐이었고 질투를 유발하려고 애슐리의 처남과 결혼해요. 나중에는 돈을 위해 마음에 없는 남자와 재혼까지 하지만 이 모든 상황을 간파하고도 레트는 항상 스칼렛을 위기에서 구해줍니다. 스칼렛은 그런 레트에게 냉담하기만 한데요. 레트의 유들유들한 구애와 스칼렛의 독설이 이어지는 장면은 지금 봐도 흥미진진한 '단짠' 로맨스입니다.

두 남녀의 밀당이 이어지다 마지막에는 결국 레트가 스칼렛을 뒤로하고 홀연히 떠납니다. 처음 이 책을 봤을 때 '바람과 함께 사라지다'라는 제목이 결국 떠난 남자 주인공에 대한 말인 줄 알았어요. 서른이 넘어 원작 소설을 다시 읽으며 남부 문명의 마지막을 그린 역사 소설이란 걸 깨달았어요. 바람과 함께 사라진 것은 남부 문명이라는 것을.

유럽에서 건너온 가난한 이민자들이 흑인 노예를 부리고 목화밭을 가꿔 부를 일구고 유럽 귀족들의 삶을 본뜬 상류사회를 만들어갑니다. 초반부의 화려한 사교계 파티로 대

변되는 남부 문명은 미국 내전의 패배와 노예 해방으로 결국 몰락하고 맙니다.

미국 내전으로 스칼렛의 고향 타라 농장은 폐허가 됩니다. 굶주림에 지친 스칼렛이 밭에서 감자를 캐어 먹으며 "내 다시는 굶주리지 않으리라!" 하고 맹세하는 장면이 뇌리에 남더군요. 폐인이 된 아버지를 대신해 식구들을 먹여 살리려고 장녀인 스칼렛은 동분서주합니다. 저택을 뺏길 위기에서 세금 낼 돈을 마련하느라 제재소를 운영하는 프랭크와 마음에 없는 결혼을 해요. 원래 그는 자신의 여동생에게 청혼을 했는데 말이지요. 직접 제재소를 운영하며 점령군인 북군들에게도 목재를 팔아요. 악착같이 사는 그녀를 향해 주위 사람들은 손가락질합니다.

한국전쟁이 끝나고 전후 세대 중에는 다시는 굶지 않겠다는 각오로 이 악물고 돈을 모은 사람이 많아요. 고생 끝에 부를 일구었지만 가족들은 지독한 수전노인 아버지와 남편 때문에 고생하며 살았다고 느껴요. 저도 그랬어요. 아버지가 손주에게 용돈도 넉넉하게 주고 유산을 남겨준다고 해도 나한테는 그다지 고마운 일이 아니에요. 어렵던 시절의 고생이 마음을 가로막고 있으니까요.

1936년 출간한 이 소설은 6개월 만에 100만 부가 넘게 팔리고 영화로도 대박이 나지요. 이 작품은 저자 마거릿 미첼이 1949년 교통사고로 생을 마치는 바람에 그녀의 데뷔작인 동시에 유작이 되었어요. 저자는 작품에 대해 이렇게 이야기해요.

> 소설의 주제는 생존이다. 재난을 만나도 쉽게 지나가는 사람이 있는가 하면, 능력 있고 강하고 용감한데도 굴복하고 마는 사람이 있다. 모든 격변에서 그렇다. 살아남거나 그렇지 못하거나. 의기양양하게 살아남은 사람들에게는 있고 그렇지 못한 사람에게는 없는 특징이란 무얼까? 나는 살아남은 사람들이 말하는 '불굴의 정신'이 무엇인지 알 뿐이다. 그래서 불굴의 정신을 지닌 사람들과 그렇지 못한 사람들에 대한 이야기를 썼다.

오십이 넘어 다시 이 작품을 읽으니 남부 사람들의 모습에 나 자신의 모습이 겹쳐 보이더군요. 시대의 흐름을 읽지 못하면 잘나가다 한순간에 망하는구나! 모든 것을 잃어버린 후 과거의 영화를 그리며 산다는 것은 얼마나 허망한가.

그러다 문득 깨달았어요. 내가 좋아한 주인공들이 하나같이 사무치는 외로움을 견뎌야 했다는 것을. 《바람과 함께 사라지다》에 나오는 스칼렛 오하라와 레트 버틀러는 고독한 영혼들입니다. 스칼렛은 또래 여자들에게 시기와 질투를 받는 인물이고 레트는 가족에게 쫓겨난 탕아로 뭇사람들의 손가락질을 받습니다. 먹고살기 위해 최선을 다했을 뿐인데 스칼렛은 사람들에게 비난을 당합니다. 그녀는 사람들이 왜 자신을 욕하는지 레트에게 묻죠. 레트는 이렇게 말합니다.

"당신이 한 일이라고는 다른 여자들과 달라지려던 노력뿐인데, 그렇다면 약간의 성공을 거둔 셈이죠. 전에도 내가 얘기했었지만, 그건 어느 사회에서도 용서받지 못할 확실한 죄랍니다. 유별나면 저주받게 마련이에요! 스칼렛, 당신이 제재소 운영에 성공했다는 사실 자체가 성공하지 못한 모든 남자에 대한 모욕이에요."

"하지만 내가 돈을 조금 번다고 해서 왜들 그렇게 못마땅해하나요?"

"사람이란 무엇이나 다 소유하기가 불가능해요, 스칼렛. 지금처럼 숙녀답지 않은 방법으로 돈을 벌면서 어디를 가나 사람들의 쌀쌀한 눈초리를 받든가, 아니면 가난하지만 품위를 지키고 살면서 친구를 많이 두든가 양자택일을 해야죠."

"난 가난하게 살지는 않겠어요."

"그렇다면 당신은 불가피한 선택을 한 셈이죠. 하지만 당신이 원하는 대부분의 대상이 그렇듯이, 여기에도 형벌이 따르게 마련이에요. 그건 외로움이라는 형벌이죠."

두 사람은 타인의 시선에 상처받기도 하지만 결국 자신의 욕망에 충실한 삶을 살며 스스로 운명을 개척해 가요. 우리는 자신이 한 선택으로 인해 때로는 외로움이라는 결말을 감수해야 합니다. 어쩌면 외로움은 시련이 아니라 누구나 안고 가야 하는 숙명일지도 몰라요.

　　마거릿 미첼의 삶도 그랬어요. 그녀는 1900년 조지아주 애틀랜타에서 태어났습니다. 의사가 되려고 대학에 입학했으나 1919년에 창궐한 스페인 독감으로 어머니를 잃어요. 공부를 그만두고 고향으로 돌아와 아버지와 오빠를 보살피며 집안일을 맡아요. 모든 것을 내려놓아야 했던 순간 그녀는 불굴의 의지로 시련을 극복하는 고독한 주인공들의 이야기를 써나갑니다. 그리고 3년에 걸쳐 《바람과 함께 사라지다》를 완성했어요. 어쩌면 그녀는 아무것도 할 수 없다고 느꼈지만 그럼에도 불구하고 무엇이든 시도해 보는 것에 희망이 있다고 생각한 것은 아닐까요? 나이 육십이 넘으면 이 책을 다시 읽고 싶습니다. 그때 나는 《바람과 함께 사라지다》에서 또 어떤 장면을 되뇌게 될까요?

문득
돌아보는 날들이
나를 위로하다

　'숭례문학당'에서 하는 독서모임에서 《반 고흐, 영혼의 편지》(빈센트 반 고흐, 신성림 옮김, 위즈덤하우스, 2005)를 읽었어요. 고흐가 동생 테오에게 보낸 편지글을 읽다 보니 고흐의 그림이 보고 싶어졌어요. 찾아보니 제주에 있는 아트 전시관 '빛의 벙커'에서 그의 그림을 볼 수 있더라고요. 회사를 나온 지 얼마 지나지 않은 시점이라 몸과 마음이 적잖이 지쳐있던 저는 무작정 제주로 향했습니다. 제주 올레길은 제가 가장 좋아하는 걷기 코스예요. 아름다운 제주도의 풍광을 보며 '놀멍 쉬멍 걸으멍' 할 수 있는 길이지요. 빛의 벙커는 올레길 2코스가 지나가는 대수산봉 옆에 있어요. 성산포 올레길을 따라 걷다 빛의 벙커에 도착했어요.

이곳은 오랜 시간 외부에 알려지지 않은 비밀 벙커였답니다. 해저 광케이블 통신망을 운영하기 위해 설치된 시설인데요. 축구장 절반 정도 크기인 900평 정도로 넓은 지하 공간이지요. 압도적인 스펙터클의 영상과 음악으로 오감을 이용해 그림 속을 걷는 체험 전시관을 만들려던 사람들이 이 폐기된 벙커를 발견했어요. 2017년 국내 IT기업 티모넷은 벙커를 몰입형 디지털아트 전시공간으로 재생했어요. 외부의 빛과 소리가 완전히 차단되어 방음효과가 완벽하고 미로와 같은 동선은 관람객들에게 몰입을 높이는 효과를 제공합니다.

고흐의 영혼이 있다면 이리로 데려오고 싶어요. 보라고. 당신이 한 획 한 획 그린 그림이 빛이 되어 사방을 가득 채운 이 공간을. 영화 〈킬 빌〉과 〈좋은 놈, 나쁜 놈, 이상한 놈〉의 OST로 유명한 곡 〈Don't let me be misunderstood나를 오해하지 말아요〉가 벙커를 가득 채웁니다. 리드미컬하고 신나는 음악을 느리게 편곡한 노래를 들으며 선곡한 사람이 고흐의 삶을 공부하고 그를 이해하려고 노력했다는 게 느껴졌어요. 동시대 사람들에게 이해받지 못한 외로운 영혼을 위로하는 곡입니다.

But sometimes I find myself alone regretting
Some foolish thing, some foolish thing I've done

But I'm just a soul who's intentions are good

Oh Lord, please don't let me be misunderstood

하지만 때론 혼자서 후회를 하죠

내가 바보 같은 짓을 했구나 하고

난 단지 선한 의도를 가진 영혼일 뿐인데요

오, 제발 나를 오해하지 말아요

고흐가 동생 테오에게 보낸 편지의 한 구절이 떠오릅니다.

그림 몇 점을 보낸다. 네가 그걸 보면 하이케(브라반트 북부에 있는 에텐 근방의 마을)의 풍경을 떠올릴 거다. 그런데 이제는 제발 솔직하게 말해다오. 왜 내 그림은 팔리지 않을까? 어떻게 해야 그림을 팔 수 있을까? 돈을 좀 벌었으면 좋겠다. "절대 안 된다."는 대답을 확인하기 위해 찾아갈 경비가 필요하다. (36쪽)

왜 자신의 그림이 팔리지 않는지 미술상인 동생 테오에게 찾아가서 묻고 싶어도 기차 삯이 없다는 고흐의 말에 가슴이 미어집니다. 저는 어릴 적 학교 다니는 게 고문처럼 느껴졌어요. 고교시절 자퇴하겠다고 했다가 아버지에게 엄청

혼난 적이 있지요.

"아이들이 괴롭힌다고 학교를 안 가? 선생이 학교 가는 건 쉬울 것 같냐? 나도 위에서 괴롭혀서 학교 때려치우고 싶은 적이 한두 번이 아냐. 그래도 참고 다닌다. 왜? 그게 인생이니까. 뜻대로 안 되는 게 인생이니까! 학교생활이 힘들다고 학교를 때려치우면 나중에 돈 버는 건 더 힘들 텐데, 그때도 때려치울래?"

네, 자퇴는 못 했습니다. 학교를 그만두고 싶어도 자립할 준비가 전혀 되어있지 않았으니까요. 힘든 삶을 어떻게 견딜 것인가? 정답은 없어요. 사람마다 사정이 있고 처한 상황이 다르니 그저 각자 견디는 방법을 찾는 거지요. 제가 그 시절을 버틴 것도 언젠가는 이 고난이 끝날 거라는 실낱같은 믿음이 있었기 때문입니다. 스물여섯에 첫 직장은 제 의지로 그만뒀습니다. 월급을 꼬박꼬박 모아 경제적 자유가 생겼거든요. 인간은 자유로운 존재라지만 이 사회에서 자유롭게 의사결정을 하고 행동하려면 전제 조건이 필요합니다. 저에게 가장 중요한 조건은 경제적 자립이었고요.

〈한겨레〉의 '책&생각' 섹션의 '한미화의 어린이 책 스테디셀러' 코너에서 한미화 선생님이 추천한 《빅스비 선생님의 마지막 날》(존 D. 앤더슨, 윤여림 옮김, 미래인)을 보고 제주 여행을 떠날 때 이 책을 챙겨갔어요.

세 명의 초등학교 6학년 단짝 친구들이 있습니다. 이들은 모두 담임인 빅스비 선생님을 좋아해요. 서커스에서 어릿광대로 일하기도 하는 빅스비 선생님은 아이들과 잘 어울리는 분입니다. 어느 날 췌장암 진단을 받은 선생님은 얼마 남지 않은 마지막 학기를 마치지 못하고 휴직을 합니다. 반 아이들과 작별 파티를 하기로 했는데 병세가 악화되어 약속을 지키지 못해요. 세 명의 친구들은 선생님이 입원한 병원을 찾아가 작별 파티를 열기로 합니다.

하지만 그 계획을 실행하는 게 만만치가 않습니다. 초등학생들이 학교에 있을 시간에 수업을 땡땡이치고 시내를 활보하는 게 쉽지 않죠. 더군다나 송별연에는 꼭 필요한 아이템이 있는데요. 어떤 건(특제 치즈케이크) 너무 비싸고 어떤 건(미성년자 구매 불가품인 주류) 아예 구할 수 없어요. 케이크와 술을 구하는 과정이 용을 찾아 떠난 호빗들의 모험 서사극처럼 펼쳐집니다. 아니, 용과 대적하고 거인족과 결투하는 것보다 더 험난해 보입니다. 대체 빅스비 선생님은 어떤 사람이기에 아이들이 이 힘겨운 모험을 불사하게 만든 걸까요?

책에 선생님의 유형을 여섯 가지로 설명하는 대목이 있어요. 첫 번째는 좀비 유형. 좀비처럼 말을 웅얼거리기 때문에 무슨 말을 하는지 이해하기 어렵답니다. 두 번째는 카페인 중독자 유형. 엄청나게 빠른 속도로 말을 쏟아내기에 역시나 수업을 이해하기 힘든 타입이죠. 세 번째는 던전 마스터(교도관) 유형. 교내 체벌의 부활을 꿈꾸며 빨간색 경고장을 남발하는 이들. 아이들이 얌전히 앉아 입 다물고 있기를 강요하는 분들입니다. 네 번째는 스필버그 유형. 스티븐 스필버그처럼 멋져서가 아니라 수업 시간에 항상 영화를 틀어줘서라네요. 다섯 번째는 신참 유형. 초롱초롱한 눈을 하고서 아이들이 정답을 말하면 서커스단 물개처럼 박수를 친다네요. 하지만 금세 지쳐 나가떨어지는 유형이래요. 학생들 때문이 아니라 시스템 탓에요. 그리고 여섯 번째 유형.

마지막 유형은 우리가 흔히 말하는 좋은 선생님이에요. 이분들은 학교라는 고문을 견딜 수 있도록 해주는 유형이죠. 우리는 좋은 선생님을 만나면 단번에 알 수 있습니다. 학년이 바뀌어도 찾아가서 인사하고 싶고, 실망시키지 않고 싶은 선생님이 좋은 선생님이죠.

빅스비 선생님이 바로 여섯 번째 유형이에요. 학창 시절을 돌아보면 저는 빅스비처럼 좋은 선생님을 만나지 못했어요. 이 아이들에게도 특별한 분인 거죠. 그러니 빅스비 선생님과의 마지막 송별연을 위해 모험을 무릅쓰는 게 하나도 이상하지 않습니다. 공항에서 마지막 대목을 읽다 눈물을 참느라 힘들었어요. 한미화 선생님은 이렇게 쓰셨어요.

빅스비 선생은 결국 서른다섯의 나이로 세상을 떠났지만 단언컨대 아이들은 평생 선생을 기억할 테다. 혼자 무거운 삶의 짐과 맞서고 있던 브랜든을 눈이 쌓인 거리에서 발견해주었고, 토퍼가 그리고 버린 그림을 주워 '꿈의 파일'을 만들어주었고, 성적을 따지러 온 스티브의 아빠에게 '아드님은 성장하고 있는 우수한 학생'이라고 말해주었으니까.

살아가면서 문득 돌아볼 수 있는 날들이 중요합니다. 어느 길에서 이름을 불러주고 내팽개친 꿈을 붙들어 주고 그누구의 편도 아닌 내 편이 되어준 사람에 대한 기억. 그 순간에는 몰랐을 테지만 그런 날들은 우리와 오래도록 함께하죠. 떠올리기도 괴로운 학창 시절을 견디게 해준 어른을 한 명만 만났더라면 내 인생은 달라졌을까요? 당시에는 그런 존재가 있을 거라 생각도 못 해서 아쉬움조차 못 느꼈지만 빅스비 선생님을 알고 나니 '만약에'라는 상상을 하게 됩니다.

과거는 되돌릴 수 없지만 미래는 달라질 수 있겠죠. 이책을 더 많은 사람에게 소개하고 싶어졌어요. 어린이 책이지만 어른이 읽어도 좋고 아이들과 함께 읽으면 더 좋은 책입니다. 그리고 누군가에게 좋은 어른이 되고 싶다는 바람도 생기고요. 빛의 벙커 구석에서 그림과 음악에 젖어 혼자 조용히 눈물을 흘렸어요.

못났다고 느낄 때

다른 사람에게 마음을 활짝 열라고 하는데
자신에게 마음을 열어 연민하고 다독이는 일도 중요해요.

1

무언가에 몰입하면 덜 외로워요

영화 〈두 교황〉에서 "I have been alone, but never lonely."라고 말하는 장면이 나오는데요. 혼자라도 외롭지 않다는 건 무슨 뜻일까 생각해 봤어요.

인생 대부분의 시간은 혼자 보냅니다. 혼자 있어도 외롭지 않은 건 무언가 몰입하는 대상이 있기 때문이죠. 현업에서 쫓겨나거나 대기발령을 받고 징계받았을 때, 혼자 보내는 시간이 많았어요. 그 시간을 견딜 수 있었던 건 책 덕분이지요. 몰입할 수 있는 대상이 있다면 견딜만합니다. 2015년 가을에 드라마 현업에서 쫓겨난 후 2016년 한 해 동안 250권의 책을 읽고 한 권의 책을 썼어요. 책을 읽고 글을 쓰면서 시간을 보내는 게 외로움을 이기는 좋은 방법이라는 걸 그때 알게 되었어요.

2

모든 것을 덮어주는 말, '그랬었구나'

공부를 못해 부모에게 인정받지 못했고, 못생겨서 친구들에게 따돌림받는다고 생각했어요. 성적이 좋지 않으니 목표했던 대학에 떨어졌고 외모 때문에 연애를 못 한다고 속상해했어요. '… 때문에'라고 생각하며 위축되어 있었어요.

타라 브랙의 《자기 돌봄》(이재석 옮김, 생각정원)에는 한 고아 소녀의 이야기가 나와요. 소녀는 외할머니 밑에서 자랐지만 한시도 고아라는 생각에서 떠나본 적이 없어요. 학교 친구들과도 어울리지 못했어요. 고아라서 무시당할까 봐서요. 소녀는 강한척하며 거칠게 말하고 행동했죠. 어느 날 머리카락이 검은 친구와 눈이 마주쳤어요. 친구는 미소를 보여주었어요. 하지만 소녀는 고개를 돌려 외면해요. 그 소녀가 서른이 넘어서 이런 고백을 합니다.

단지 부모가 없었을 뿐인데 나는 왜 그걸 인정하지 못했던 걸까요? 그래서 나는 많은 것을 잃었어요. 슬퍼하고 우울해하고 화를 내느라 아무것도 못 했죠. 그 검은 머리 아이랑 친구가 될 기회도 놓쳐버린 거예요.

서른이 된 소녀는 '…때문에' 삶의 기회를 놓쳤다면서 계속 분노하고 외로움 속에 스스로를 가둬두었어요. 우리 또한 '…때문에' 삶을 제대로 살지 못하기도 해요. 소녀는 자기 잘못이 아니라는 자각을 통해 비로소 자책에서 벗어나요. 삶의 조건은 달라지지 않았지만 자기 자신을 인정하는 순간 더 이상 삶을 두려워하지 않게 된 거죠. 다른 사람에게 마음을 활짝 열라는 이야기를 많이 하는데, 사실 자신에게 마음을 열어 연민하고 다독이는 일이 참 중요해요.

3
나를 위한 시간은 내가 만들어야 해요

'방송사 피디로 일하면서 1년에 책 200권을 읽고, 매일 아침 블로그 글을 쓰고, 5권 이상 책을 펴내고, 여행광으로 산다.'라고 책에 썼더니, 시간 관리 비결이 궁금하다고 해요. 인간에게 가장 공평한 자원이 시간이지요. 누구에게나 24시간이 주어져요. 그 24시간을 남들 하는 거 다 하면서 내가 하고 싶은 것까지 할 순 없어요.

나는 술과 담배, 골프를 하지 않아요. TV도 거의 안 보고 회식이나 동창회에도 안 나가요. 드라마를 찍을 때 어쩔 수 없이 회식을 해야 할 때는 1차만 해요. 참 재미없게 사는 것처럼 보일지도 몰라요. 대신 잠은 하루에 7시간 이상씩 자요. 주말이면 낮잠 자고 밤 9시에 잠자리에 드는 나를 보고 큰딸이 놀려요. 아빠가 무슨 신생아냐고요.

사람들이 "술도 안 마시고 회식도 안 하고 골프도 안 하면서 무슨 낙으로 사냐?"고 묻는데, 나에겐 책 읽고 글을 쓰는 게 최고의 행복이에요. 이 방식을 꼭 추천하는 것은 아니에요. 나만의 시간 관리법일 뿐이랍니다. '왜 이렇게 힘들까. 너무 바빠서 하고 싶은 일도 못 하고….'라고 생각한다면 곰곰이 따져보세요. 다른 사람의 시계에 맞춰 살고 있지 않은지.

class 2

선 밖으로,
마냥 좋을 수는 없지만
괜찮아

외로움은
인생의 상수

    회사 밖은 정글이라는데 나가서 잘 지낼 수 있을까? 신문 칼럼으로 사방에서 욕을 먹고 있는 지금 차라리 조직에 몸을 숨겨 내일을 기약하는 편이 낫다는 생각을 수없이 했어요. 삭풍이 몰아치는 엄동설한에 과연 나 홀로 정글에서 살아남을지 자신이 없었거든요. 어수선한 마음으로 정처 없이 방황하던 어느 날 기시감을 느꼈어요. 약강강약의 야생에서 혼자 살아남아야 하는 고독이 낯설게만 느껴지지 않더군요.

    20대에 첫 직장에서 치과 영업사원으로 일했을 적에도 참 외로웠습니다. 전국의 지역 대리점 담당이라 부산, 대구 찍고 광주, 전주 돌아 대전, 강릉까지 출장이 일상이었습니다. 매일 아침 낯선 도시의 여관에서 눈을 떠서는 기차와 고속버스를 타고 다음 지역으로 이동했어요. 처음 가는 지역에 도착하면 무작정 로터리부터 찾았습니다. 로터리 주변에 치과가 많이 있었거든요. 네다섯 군데 병원에 들어가 인사를 하다 보면 어쩌다 한 곳에서 판촉 활동을 할 수 있어요. 대부분은 문전박대를 당하거나 욕을 먹지만 그래도 웃으며 인사하고 좋은 인상을 남기려고 애썼습니다.

낮에 낯선 고객을 찾아다니는 외판영업도 힘들지만 저녁에 낯익은 의사들을 접대하는 일은 정말 고역이었죠. 접대 자리에서는 술을 거절하면 안 되고 절대 취해서도 안 됩니다. 1차 회식과 2차 술자리 접대가 끝나면 원장님들 택시 태워 보내고 남은 영업사원끼리 3차를 갑니다. 접대는 간, 쓸개 내놓고 하는 자리라 그냥 집에 가면 속이 부대껴 잠이 안 옵니다. 술자리의 비굴한 기억이 잠자리까지 쫓아오기 때문이죠.

결국 영업사원끼리 다시 술을 마시며 스트레스를 풉니다. 당시 모시던 상사는 영업의 달인이었어요. 그 시절에 제약회사나 의료기기 회사의 영업사원은 클라이언트의 온갖 잔심부름을 도맡아야 했어요. 의사협회 임원들 한 사람 한 사람의 취향을 줄줄이 꿰고 다 맞춰주었죠. 주말에도 나가서 원장님들 주말 나들이를 살뜰하게 살폈습니다. 고객을 접대하느라 열심인 사람은 자신의 부하 직원에게는 엄한 상사가 됩니다.

"나는 이렇게 열심히 사는데 너는 왜 그 모양이냐."

술만 취하면 욕이 나왔어요.

"너 이 새끼 말이야. 미국 회사니까 아메리칸 스타일로 일해도 될 것 같지? 여기는 한국이야. 까라면 까!"

동료들에게 일이 힘들다고 하소연을 하면 다들 그래요.

"그래도 여기는 미국 기업이라 그나마 덜한 거야. 한국 대기업은 상사들 갑질이 더 심해. 너 여기가 힘들다고 나가면 재취업하기 힘들 거야."

1990년대 초반 직장 분위기는 그랬고 절이 싫으면 중이 나와야 했어요. 결국 회사를 그만두고 나와 통역대학원 입시에 매진했습니다. 남은 평생 프리랜서로 살리라.

통역 일을 하며 깨달았어요. 프리랜서도 외롭기는 마찬가지구나. 번역을 마치고 몇 달이 지나도록 고료가 지급되지 않아 회사로 전화를 걸어 독촉할 때면 자괴감이 듭니다. 월급날만 되면 꼬박꼬박 급여가 들어오던 때가 호시절이었구나. 회계 담당자에게 일일이 확인하는 것도 괴로웠습니다. 한국인 연사의 말을 영어로 옮길 때 연사가 사자성어를 쓰면 머리가 하얘졌습니다. '지록위마指鹿爲馬'를 영어로 뭐라 통역해야 할까. 장내에 무거운 침묵이 가라앉고 모두가 나만

쳐다보는 그 순간이 너무 외로웠습니다.

　TV에서 MBC 신입사원 채용 공고를 본 순간 영화감독이 되고 싶었던 어린 날의 철없던 꿈이 떠올랐어요. 방송사에 대해 잘 알지도 못한 채 '운빨'로 입사했는데 다녀보니 MBC는 직장인의 천국이었어요. 선배들은 유쾌했고 연예인들은 매력적이었습니다. 대학에서 친구들끼리 모여 동아리 활동을 하는데 매달 월급이 나오는 꿈의 직장이라니. 누가 "지구에서 가장 좋은 회사가 MBC!"라고 하니까 동기가 "외계생명체의 존재가 확인된 바 없으니 현재로서는 우주에서 가장 좋은 회사다."라고 하더군요. 모두가 그 말에 고개를 끄덕일 정도였죠.

　그러나 꿈의 직장에 다녀도 세상에 외롭지 않은 밥벌이는 없습니다. 예능과 드라마를 오가며 일하던 40대 어느 날, 노동조합에서 부위원장 제의를 받았습니다. 세상에 공짜는 없습니다. 우주에서 제일 좋은 회사에 들어와 10여 년간 즐겁게 일했으니 갚아야 할 때가 왔습니다. 노동조합 부위원장을 맡아 2012년에 170일 동안 파업을 하며 싸웠습니다. 그 덕분에 7년간 본업에서 제외되고 뼈저린 외로움을 삼켜야 했습니다.

　옳다고 믿는 일을 했는데 왜 이렇게 외롭고 괴로운 걸까? 그 시절 틈틈이 고전을 읽었는데 어째《사기》를 쓴 사마

천도 그렇고 유배지에서 수백 권의 저서를 남긴 정약용도 그렇고 하나같이 고독을 이고 지고 살았더라고요. 아, 외로움이 인생의 상수로구나.

외로움의 터널 끝에 이르면 모퉁이가 나옵니다. 그 모퉁이 뒤에 무엇이 있을지 몰라요. 다만 저 모퉁이 뒤에 지금껏 살아온 만큼의 시간이 남아있음은 분명하죠. 그 시간 내내 이 외로움을 길동무 삼아 함께 가야 할 텐데, 웬만한 각오로는 힘들겠죠. 다부지게 마음먹어야 해요.

50대가
놀아야
나라가 산다

사람은 언제 잘못을 저지를까요? 세상은 바뀌었는데 세상 살아가는 규범을 업그레이드하지 않을 때입니다. 젊은 세대가 요구하는 감수성을 갖추지 못한다면 직장에서는 꼰대가 되고 사회에서는 '개저씨'가 됩니다. 칼럼 사태 이후 대외 활동을 그만두고 혼자만의 시간을 보냈습니다. 종일 걷거나 책을 읽으며 많은 생각을 했어요.

30년 주기로 한국 사회를 3개의 세대로 나눈다면 1930년대에 태어난 산업화 세대, 1960년대에 태어난 386세대, 1990년 이후에 태어난 청년 세대입니다. "산업화 세대가 첫 삽을 뜨고 386세대가 완성한 한국형 위계 구조, 그 희생자는 바로 청년 세대다."라고 말하는 도발적 책이 있습니다. 사회학자

이철승 선생님이 쓴 《불평등의 세대》(문학과지성사)입니다.

우리는 불평등 구조에 대해 분노하면서도 한편으로는 그 세계에서 뒤처지지 않으려고 분투하며 삽니다. 불평등 구조의 희생자이자 생산 주체가 되어 그 사회를 유지하는 데 이바지합니다. 숱한 우여곡절을 감내하며 민주화 여정을 거쳐 선진국의 반열에 올랐건만 왜 우리 아이들과 청년들은 더 끔찍한 입시 지옥과 취업 전쟁에서 살아남으려 발버둥 쳐야 하는 걸까요? 왜 여성들은 아직도 취업과 승진, 임금에서 차별받을까요?

386세대는 운이 좋았어요. 산업화 세대에 비해 덜 힘들었어요. 식민지나 전쟁을 겪지도 않았고요. 사회에 진출했을 때 IMF가 터지는데요. IMF 이후 노동시장 유연화로 비정규직이 대거 늘어나면서 평생직장의 개념이 사라집니다. 1997년 금융위기가 왔을 때 신입사원들은 비교적 임금이 싸기에 구조 조정의 칼날을 피했죠. IMF 때 주로 희생된 사람들은 50대 중견급 사원, 즉 산업화 세대였어요. 386세대는 조직에서 밀려난 윗세대의 자리를 빠르게 차지합니다. 2000년대 세계화와 정보화와 함께 한국 IT기업들이 약진할 때 그 흐름에 동승하고요. 이철승 선생님은 시장의 변화에 살아남은 세대이면서 그 부조리한 구조를 공고화하는 386세대의 속성을 날카롭게 지적합니다.

노동시장에서 임금 불평등이 나타나는 세 요인은, 첫째 개별 노동자가 속해있는 기업 조직이 대규모인가 아닌가, 둘째 고용 지위가 정규직인가 비정규직인가, 셋째 사업장에 노조가 존재하는가 여부다.

조선 시대 신분제 사회가 일제 침략과 함께 끝이 났어요. 산업화가 시작되고 능력이 있는 사람이 성공하는 시대가 왔어요. 그러나 시장 만능주의의 시대에 유리한 위치를 먼저 차지한 사람들이 '사다리 걷어차기'를 합니다. 그 희생양은 청년과 여성입니다. 교집합은 젊은 여성이죠. 장강명 작가의 소설 《한국이 싫어서》(민음사)를 보면 우리나라를 떠나 이민을 꿈꾸는 주인공이 바로 젊은 여성입니다.

퇴사와 이민을 꿈꾸는 젊은 세대의 속내가 궁금해서 읽은 책이 《그래서 나는 한국을 떠났다》(김병철·안선희, 위즈덤하우스)입니다. 이 책을 보면 젊은 세대는 외국 생활을 동경해서 가는 게 아니라 '헬조선'이라 부르는 이곳의 삶이 힘들어 떠납니다. 한국을 떠난 이들 중 한 분은 한국에 있을 때 대기업에 다녔답니다. 잦은 회식과 야근에 지쳐 주말이 있는 삶조차 누리지 못했어요. 결국 사표를 던지고 캐나다로 이민 가서 공무원이 되었는데 지금은 오후 3시 반에 퇴근해서 취미도 즐기고 휴식도 취하며 저녁이 있는 삶을 누린답니다.

이민을 떠난 사람들이 하나같이 하는 말이 "여기는 야근이 없고 회식이 없어요."입니다. 회식 자리에서 술을 안 마신다고 했더니 "술 안 먹을 거면 퇴사해!"라는 부장의 말에 다음 날 사표를 던지고 이민을 떠났다는 사람도 있어요. 이주노동자로 사는 게 쉬운 결정이 아닐 텐데도 이민을 선택하는 걸 보니 인종차별보다 상사 갑질이 더 무서운가 봐요.

《불평등의 세대》에서 이철승 선생님은 위기를 타개하기 위해 386세대에게 자리 욕심을 내려놓고 권력을 나누라고 요구합니다. 다양한 세대와 성별의 리더들로 구성된 '무지개 리더십'으로 더 젊고 더 새로운 아이디어와 에너지를 조직과 사회에 불어넣으라고요. 젊은이와 여성을 조직의 최상층으로 끌어올리면 경직된 권위주의 문화와 386세대의 장기 집권으로 인한 많은 문제를 해결할 수 있다고 합니다.

책을 읽기 시작한 처음에는 당혹스러웠어요. "386세대가 죄인이라고?"

중간부터는 부끄러웠어요. "이 지경이 된 데에 386이 한몫했네."

책을 덮을 무렵에는 고민이 깊어졌어요. "그럼 앞으로 나는 어떻게 살아야 하지?"

2020년 가을, 회사에 뒤숭숭한 소식이 퍼졌어요. 열악해진 공중파 시장 탓에 MBC가 드라마를 줄이고 구조조정을 할 거라고요. 드라마 피디들에게 남은 선택지는 셋 중 하나래요. 타부서로 전출하거나 책임 피디로 보직 변경을 신청하거나 명예퇴직을 신청하거나. 60세 정년까지 회사에서 버티려고 했던 저에게는 청천벽력 같은 얘기였지요. 2018년에 드라마국 복귀한 후 2년 동안 하는 일 없이 연출 기회만 기다리던 저로서는 고민이 더욱 깊어졌습니다. 2019년에 《그래서 나는 한국을 떠났다》를 소개하는 칼럼을 쓴 적이 있어요. 그때 쓴 글을 찾아보았습니다.

"2020년 새해에는 50대도 워라밸을 챙겼으면 좋겠다. 야근이나 회식을 권하는 행동은 이제 삼가자. 젊은 사람들이 결혼, 출산, 육아를 꺼리는 바람에 출생률이 낮다고 걱정을 많이 하는데 출생률 걱정하지 말고 있는 사람 나라 밖으로 쫓아내지나 말자. 386세대가 2020년 새해 결심으로 취미 생활이나 어학 공부에 매진하면 좋겠다. 오랫동안 누려온 리더십은 이제 젊은 세대와 조금 나눠도 좋을 것 같다. 50대가 잘 놀아야 나라가 산다."

50대가 놀아야 나라가 산다. 가볍게 쓴 글이 무겁게 다가옵니다.

추월의 시대에는
롤 모델이
없다

칼럼 사태 이후 세상의 변화를 나름 기민하게 따라잡고 있다고 확신했던 제 오만을 자책했어요. 수시로 자책감이 몰려드는 걸 방치하니 마음에 병이 생기는 거 같더군요. 좁은 땅굴을 파고 들어가 꼼짝달싹도 못 하는 상태로 계속 지낼 수는 없었습니다. 지금 나의 위치를 현실적으로 자각해야만 뭐라도 할 수 있겠더라고요. 자책감이 들 때면 30대 저자들이 쓴 책을 찾아 읽었어요. 그때 읽은 책이 《추월의 시대》(김시우 외 5명, 메디치미디어)입니다.

일제 식민지와 한국전쟁이라는 비극을 겪은 후 한국 사회는 '추격의 시대'를 살아왔습니다. 추격자에게는 앞서가는 선발주자가 있지요. 70, 80대가 된 산업화 세대에게는 미국이 추격의 대상이었습니다. 우리도 미국처럼 잘 먹고 잘사는 나라를 만들자는 일념으로 경제성장에 박차를 가했습니다. 50대가 된 민주화 세대는 우리도 유럽처럼 복지국가를 만들자며 유럽을 지향점으로 삼았지요.

젊은 세대가 보기에 한국 사회는 할아버지뻘인 산업화 세대와 아버지 격인 민주화 세대가 맞서 싸우는 형국이에요. 추격의 시대를 살아온 기성세대는 정치적 입장에 따라 서로를 적으로 규정합니다. 보수는 진보를 향해 '종북좌파 빨갱이'라 손가락질하고 진보는 보수를 일컬어 '토착 왜구 독재 잔당'이라 합니다. 냉전이 종식된 지 언제고 독재가 끝난 지 언제인데 젊은 세대가 보기에는 둘 다 시대착오적이죠.

미국 대선에서 트럼프가 당선되고 영국이 국민투표로 브렉시트를 결정하고 유럽연합EU에서 탈퇴하는 걸 보며 사람들은 고개를 갸웃거렸어요. 미국이 세계의 중심인 줄 알았는데 정작 당사자들은 그게 싫다고 하고, 유럽연합이 미래의 대안인 줄 알았건만 영국이 그 공동체에서 탈출하려 한다고? 더군다나 기성세대가 롤 모델로 삼아온 미국과 유럽은 코로나 팬데믹을 겪으며 큰 타격을 입었습니다. 타인의 생명보다 자신의 자유를 더 중시하는 이들이 과연 우리가 추격하던 그 선진국이 맞나 의심스러웠죠.

반면 우리는 코로나 팬데믹 대처에 방역 선진국의 모범

을 보였어요. 방탄소년단이나 봉준호, 박찬욱, 윤여정을 비롯해 〈오징어 게임〉과 〈이상한 변호사 우영우〉 등 K-컬처는 세계인의 찬사를 받았어요. 전 세계 어디를 가도 일본인이냐 중국인이냐가 아니라 한국인이냐는 질문을 받죠. 2020년을 기점으로 추격의 시대는 저물었고, 이제 추월의 시대입니다. 이 책의 저자들은 이렇게 말하는 거 같아요.

"기성세대 여러분 모두 고생 많으셨습니다. 산업화 시대의 역군들 덕분에 굶주리던 나라가 잘 먹고 잘사는 나라가 되었고 민주화 시대의 투사들 덕분에 정치 선진국이 되었습니다. 경제 발전도 이루고 정치 민주화도 일궜으니 여러분은 역사적 소명을 성공적으로 마무리하셨습니다. 그동안 정말 수고하셨습니다."

저는 전형적인 '추격의 시대'형 인간입니다. 20대에는 영어를 공부하기 위해 영미권 소설과 미국 시트콤 〈프렌즈〉를 즐겨 봤고 30대에는 그 경험을 바탕으로 지상파 방송사 피디가 되어 시트콤과 드라마를 만들었죠. 40대에는 우리도 선진국처럼 언론의 자유가 보장되어야 한다는 생각에 방송사 노조 활동을 했고요. 정치적으로 힘들던 시절에 함께 버텨 주는 사람이 되고 싶었어요. 많은 구성원의 헌신과 노력 덕분에 MBC는 힘겹게 정상화의 길로 들어설 수 있었죠.

하지만 다시금 드리워진 MBC의 위기는 이전과는 결이

달라요. 현재 당면한 고난은 정치적 압력이나 언론의 자유 보장 문제가 아니라 시장의 위기니까요. 기술의 변화로 인해 미디어 시장이 완전히 개편된 것이지요. 이런 시대 변화에 살아남으려면 기성세대의 틀거리에서 벗어나야 합니다. 한국 사회를 진단한 책 《세습 중산층 사회》(조귀동, 생각의힘)에서는 뼈아프지만 냉정한 해법을 제시합니다.

다소 위악적으로 말하자면 80년대 학번-60년대생이 가진 노동시장에서의 기득권을 타파하는 가장 좋은 방법은 현재 50대인 그들에 대한 대규모 명예퇴직과 정리해고다. 1997년 IMF 외환위기 당시 80년대 학번의 선배들인 고참 관리자들이 대거 정리해고됐던 것처럼 현재 50대 중반 정도로 생산성보다 훨씬 더 많이 급여를 받아가는 80년대 학번을 내보내고, 그 자리를 젊은 20대로 채우는 게 정부, 공공기관, 기업 입장에서 차라리 더 효과적이고 작동 가능한 해결책이다. 그리고 그렇게 채운 20대들부터 직무급을 도입한다면 대규모 채용과 임금 구조 개편을 맞바꿀 수도 있다. 조직 전체의 임금 구조 개편은 어렵지만, '신참'을 대상으로 국한시킬 경우 성공 가능성이 커지기 때문이다.

추월의 시대에는 롤 모델이 없어요. 베껴 쓸 모범답안이 없으니 이제 우리 스스로 새로운 답안을 내놓아야 합니다. 사표를 쓸까 고민할 때 회사의 후배들을 떠올렸어요. 24년간 MBC를 다니면서 무척 행복했습니다. 좋은 사람들과 함께 일할 수 있었기 때문이지요. 특히 제가 만난 후배들은 하나같이 똑똑하고 정의로워서 세대교체의 주역으로 부족함이 없죠. 새로운 시대에 걸맞은 모범답안은 새로운 세대가 내놓을 것입니다. 《추월의 시대》 곳곳에는 집필에 참여한 저자들의 사진이 수록되어 있어요. 30대의 젊고 패기 넘치는 저자들이 팔짱을 끼고 자신만만한 표정으로 정면을 응시하며 눈빛으로 말해요.

"저희들 20대, 30대는 단군 이래 최고의 스펙을 갖추고 역사상 최악의 취업 경쟁을 통해 단련된 젊은이들입니다. 새로운 시대는 이제 저희에게 맡겨주시고 선배님들은 이제 물러나 여생을 즐기시면 됩니다."

사소하지만
확실한
성취감을 위해

글을 읽다 보면 문득 저자가 살아온 삶이 궁금해질 때가 있어요. 전범선 저자의 한겨레 칼럼을 읽다가 '밴드 양반들의 보컬이라는데, 가수가 글을 참 잘 쓰네.' 했어요. 더군다나 민족사관고등학교를 나온 딴따라라니, 이 저자는 어떤 삶을 산 걸까 궁금해서 《해방촌의 채식주의자》(전범선, 한겨레출판)를 찾아보았습니다.

입학 후 졸업까지 한 번도 전교 1등을 놓치지 않아서 일명 '강원중의 전설'이라 불린 사나이. 그의 공부 비결 중 하나는 지기 싫어하는 마음이랍니다. 춘천에 있는 호반초등학교를 다닐 때 축구부였는데요, 초등학교 1학년에서 4학년까지는 수업도 땡땡이치고 공만 찼다고 해요. 어느 날 길 건너에 있는 부안초등학교와 시합을 합니다. 공격수로 나섰으나 득점은커녕 상대편 공격수의 파죽지세에 밀려 처참하게 패배했어요. 무려 5대 0으로요. 알고 보니 부안초등학교 축구부를 지도한 분이 손웅정 감독이고 경기를 지배한 놀라운 공격수가 바로 아들 손흥민 선수였어요. 넘사벽의 축구 신동을 일찌감치 만난 덕분일까요. 전범선은 축구를 접고 공부에 전념하는데 그때를 이렇게 적었어요.

스포츠는 기본적으로 경쟁이다. 하지만 축구나 농구와 같은 단체 경기에서는 이기는 게 내 마음처럼 쉽지 않다. 내가 아무리 열심히 해도 팀원들이 못하면 졌다. 육체적으로도 굉장히 피곤한 일이었다. 이겼을 때 돌아오는 사회적 보상도 크지 않았고, 그것마저 팀원들과 나눠가져야 한다.

공부는 그렇지 않았다. 나만 잘하면 됐다. 육체적으로도 그리 힘들지 않았다. 1등 했을 때 돌아오는 영광은 나의 독차지였다. 나는 운동에서 채우지 못했던 승부욕을 공부에서 채우기 시작했다. 그게 훨씬 재밌었다.

드라마를 보는 사람에 비해 책을 읽는 사람은 적어요. 그런데도 저는 드라마 피디에서 작가로 이직을 했습니다. 지상파 시청률은 1퍼센트만 나와도 45만 명가량이 보는 거지만 책은 초판 1쇄 3,000부를 찍어도 재고가 쌓이는 게 부지기수죠. 시장의 크기를 비교하면 고생을 자초하는 셈이에요.

또 드라마 연출은 팀워크입니다. 나 혼자 열심히 한다고 되는 게 아니에요. 글쓰기는 달라요. 오롯이 나 혼자만의 노력으로 승부가 납니다. 장비발이 받쳐줄 수도 없고 그 결과물의 퀄리티가 온전히 나에게 달린 1인 작업이 글쓰기입니다. 협업의 시대, 마지막 남은 1인 작업이 글쓰기입니다.

전범선의 두 번째 공부 비결은 학교 시험 준비를 하는 자기만의 전략입니다. 중학생이었던 그는 부모님을 졸라 시중에 나와있는 문제집을 모두 샀어요. 당시 출판사별로 약 열두 가지가 있었는데 비용이 꽤 들긴 했지만 학원비보다는 저렴했다고요. 과목별로 문제집 열두 권을 풀고 나면 문제 유형이 보입니다. 나중에는 특정 문제가 어느 문제집에 있었던 건지 알아볼 정도였다니 전설이라 불릴만하죠.

중학생이 이걸 스스로 깨달았다는 게 놀라워요. 특목고 정보를 알아보려 중2 때 어머니와 함께 대치동을 찾아갔는데요, 2005년 학원가에서 가장 경쟁률이 높은 게 민사고 준비반이라는 것을 확인하고 부모님께 민족사관고등학교에 가겠다고 선포해요. 오히려 부모님이 아들의 욕심에 당황했답니다. 자신이 직접 선택했으니 최선을 다할 수밖에요. 스스로 선택한 것에 책임지려는 태도야말로 모든 학부모가 바라마지 않는 자기 주도 학습의 근간입니다.

강원중학교의 전설이었던 저자도 막상 민족사관고등학교에 들어가니 공부라면 날고 기는 사람들이 모인 곳에서 성적으로 승부를 내기가 어려웠어요. 전범선은 자신의 특기를 고민하다 밴드를 시작하죠. 졸업 후 미국 다트머스 대학교와 영국 옥스퍼드 대학교에서 역사를 전공한 전범선은 유학 시절 디제잉을 하며 딴따라로 거듭나요. 지금은 책방 풀무질을 운영하고 출판사 두루미의 발행인으로 일하며 해방촌에서 채식주의자로 삽니다.

1등을 놓고 다투는 공부는 한 명의 1등과 무수한 나머지를 만들지만, 창작활동은 달라요. 내가 생각하는 바를 글이나 음악, 미술로 표현할 수 있다면 누구나 자기 브랜드를 만들 수 있거든요. 2017년 한국대중음악상에서 최우수 록 노래상을 받았다는 전범선의 노래 〈아래로부터의 혁명〉을 유튜브에서 찾아봤어요. 북 치는 자세를 보니 '삘feel' 충만한 딴따라입니다. 91년생 저자는 세상을 어떻게 바라보고 있을까요?

한국 사회는 부유해졌지만 청년 세대는 부유하고 있다. 각자 조각배처럼 둥둥 떠서 목적 없이 흐르고 있다. 대한민국의 청년들은 어디로 가고 있을까.

우리는 '엔N포 세대'가 아니다. 결혼, 집, 출산, 경력 등을 포기한 것이 아니라 그것들에 얽매이지 않는 것이다. 길을 잃고 헤매는 게 아니다. 나름의 방향과 속도로 움직이는 것이다. 표류와 부유의 차이는 크다. 전자는 구조해 주는 게 맞지만, 후자는 내버려 두는 게 좋다.

정처 없는 유랑 길에 목적지란 있을 수 없다. 민족중흥의 역사적 사명도 없고 천국이나 극락도 없다. 하루하루 의미를 찾아가는 철저히 파편화된 개인주의적 존재다. 고양이의 표정에서, 잠깐의 산책에서, 맛있는 커피 한 잔에서 이유를 얻는다. 오늘 당장 심연으로 가라앉지 않는다면 그것만으로 대성공이다.

민주화 이후 태어난 세대는 우리 역사상 최고의 풍요를 누리며 자랐어요. 이들은 배는 불렀지만, 여전히 목은 말라요. 기성세대의 근대적 가치관을 온전히 받아들이지 않아요. 그 시대에 빚진 마음이 없거든요. 사회가 부여한 역할이나 정해준 길이 그다지 탐탁지 않으니까요. 이들은 민족, 국가, 종교, 기업 등에서 의미를 찾지도 않습니다. 대신 사소하지만 확실한 성취감을 누리기 위해 나의 일생을 돌보는 '갓생'을 추구하죠. 자기 나름대로 세상을 살아가는 다음 세대가 세상을 또 한 걸음 나아가게 할 거라는 믿음이 커집니다.

부유하는 사람은 구조의 대상이 아니니 그냥 내버려 두라는 91년생 저자의 말이 68년생 아재의 마음에 새겨집니다. 우리 역시 부유하는 세대입니다. 다만 우리는 내리막길에 서 있을 뿐이죠. '가야 할 때가 언제인가를 / 분명히 알고 가는 이의 / 뒷모습은 얼마나 아름다운가.' 이형기 시인의 시 〈낙화〉의 첫 구절이 떠오릅니다. 떠나야 할 때를 알게 된 이상 더 버티지 않기로 했어요. 저의 역할은 끝났다고 느꼈으므로 떠나기로 마음먹었어요. 뒷모습이 아름다운 사람이 되었으면 좋으련만 24년 몸담았던 조직을 떠나려니 두려움이 엄습합니다.

명퇴,
좋을 수는 없겠지만
그래도 괜찮을 겁니다

　'명예퇴직'의 사전적 정의는 정년이나 징계 사유가 아니라 직장인이 스스로 원해서 회사를 관두는 것인데요. 명예퇴직이 본격적으로 시행된 건 1997년 IMF가 터지면서예요. 회사 경영상의 이유로 대규모의 정리해고 전에 퇴직금을 조금 더 챙겨주며 자발적으로 물러날 기회를 주는 거죠.

　명예퇴직 공고를 보고 신청서류를 열어 빈칸에 이름을 쓰는 게 쉽지 않더라고요. 하필 칼럼 사태 직후였기에 자책감 때문에 섣부른 판단을 하고 후회하는 건 아닌지 순간순간 불안에 발목을 붙잡혔어요. 명분이 아직 부족했던 거죠.

　《파이낸셜 프리덤》(그랜트 사바티어, 박선령 옮김, 반니)이란 책에서 파이어족이라는 말을 처음 접했어요. 파이어FIRE족은 '경제적 자립Financial Independence을 토대로 자발적 조기 은퇴Retire Early를 추진하는 사람들'입니다. 빠르면 20대, 늦어도 40대 초반에는 은퇴해 은행 빚이나 직장생활에 따른 스트레스에서 벗어난 삶을 찾겠다는 것인데요. 1990년대 미국에서 처음 등장했고 본격화된 건 2008년 글로벌 금융위기를 계기로 밀레니얼 세대(1981~1996년생)를 중심으로 전 세계에 급속히 퍼졌다고 해요.

저는 돈 때문에 스트레스를 견디는 게 어떤 것인지 뼈저리게 경험했어요. 2015년 회사 경영진의 보복 발령으로 송출실에서 교대 근무로 일하게 되었지요. 오후 5시에 출근하여 다음 날 아침 7시 30분까지 말도 안 되는 뉴스를 강제로 시청하며 송출하는 업무가 제게는 끔찍한 고통이었어요. 그때 깨달았어요. '회사에서 월급쟁이로 사는 한 회사가 시키면 보기 싫은 사람도 봐야 하고 하기 싫은 일도 해야 하는구나.' 그때 저는 그 무게를 벗어던질 생각을 못 했는데 밀레니얼 세대는 달라요. 자기 삶이 얼마나 소중한지 아는 거예요.

파이어족은 '짧게 벌고 적게 쓰기'를 기본 지침으로 삼습니다. 은퇴 이후에 필요한 자금을 하루빨리 모으기 위해 소득의 절반 이상을 쓰지 않는 참을성을 갖춰야 해요. 노후에 돈 많은 부자로 살려면 은퇴를 미루고 계속 일을 하는 게 맞지요. 조기 은퇴를 꿈꾸는 이들은 돈 많은 부자가 아니라 시간이 많은 부자를 꿈꾸는 사람들입니다.

> 은퇴는 평생 다시는 일을 하지 않는 것이 아니라, 최소한 돈
> 때문에 일하지는 않아도 되는 것을 의미한다. 이것이 완전한
> 경제적 자유, 다시 말해 자기 시간으로 자신이 원하는 일은
> 무엇이든지 할 수 있는 능력이다.

이 책을 읽고 명예퇴직을 긍정적으로 여기게 되었어요.
나는 명예퇴직이 불명예스러운 퇴출이라 느꼈는데요. 밀레
니얼 세대는 조기 은퇴가 꿈이라잖아요. 결단을 내리기 위
해 정신승리가 절실했던 제게 서광이 비춥니다. 나는 쫓겨난
게 아니다. 경제적 자유를 얻은 것이다.

> 일찍 시작하고 많이 저축하면 할수록 경제적인 독립에 더 빨
> 리 도달할 수 있다. 이것이 내 전략의 핵심이며, 이를 통해 당
> 신이 경제적인 독립을 이루는 데 필요한 햇수와 돈의 액수가
> 급격히 감소될 것이다. 신속하게 경제적 자유를 이루는 비결
> 은 최대한 빨리 돈을 벌어서 더 많이 투자하는 것이다.

《파이낸셜 프리덤》에서 말하는 재정적 자유를 얻어 조
기 은퇴를 하는 방법이에요. 제가 스무 살에 읽은 책 내용도

그랬어요. 1980년대는 '파이어족'이라는 말이 없었으니 대신 부자가 되는 방법이라고 했어요. 전략은 간단해요. 버는 돈보다 쓰는 돈이 적으면 됩니다. 복리의 힘이 있기에 더 젊은 시절에 더 많이 저축하면 더 빨리 부를 쌓을 수 있다고 했어요. 그때부터 30년 동안 월급의 절반 이상을 꼬박꼬박 저축했어요. 부자가 되지는 못했지만 짠돌이로 살면서 모은 통장을 모아놓고 보니 조기 은퇴를 선택할 수 있을 정도의 재정적 자유는 충분하더군요.

《파이낸셜 프리덤》은 어떻게 하면 많은 돈을 벌고 최대한 아끼고 효과적으로 투자하는가에 대해 다양한 방법을 소개합니다. 그 시기나 정도에는 차이가 있을지라도 누구나 경제적 자유의 토대를 마련해 자발적 조기 은퇴를 이룰 수 있다고 이야기해요.

이 책의 최종 목표는 많은 돈을 벌어 조기 은퇴를 하는 게 아닙니다. 그 이후의 삶, 즉 은퇴 이후에 얼마나 가치 있는 삶을 영위하느냐에 초점을 맞추고 있어요. 원하지 않는 일은 줄이고 내가 좋아하는 사람들과 내가 즐거워하는 일을 하며 시간을 보내는 것. MBC는 내가 정말 사랑하는 회사고 좋아하는 사람들과 즐거운 일을 했던 곳입니다. 여기서 보낸 24년만큼 좋을 수는 없겠지요. 그래도 괜찮을 겁니다. 명예퇴직 신청서를 작성해 조용히 제출했습니다.

아직 몸과 마음이
쌩쌩할 때
힘을 더 내주게

나이 마흔에 예능 피디에서 드라마로 이직 신청을 했을 때 어느 부장이 그랬어요.

"너의 이직은 많은 사람에게 상처를 줄 거야. 남겨진 예능 피디들은 직업적 자부심에 상처를 받을 테고 드라마 피디들은 네가 자신들의 업무를 만만하게 본다고 여길 테니까."

다른 부서로 가는 사람을 보고 자긍심에 상처 입을 사람이라면 애초부터 자신이 하는 일에 대해 긍지가 부족한 것 아니냐고 되묻고 싶었어요. 남들 눈치 살피느라 자신이 하고 싶은 일에 도전하길 멈춰야 하는 걸까? 시트콤 연출은 자신 있는 일이었고 드라마 연출은 한 번도 해보지 못한 일이었어요. 마흔에 잘하는 일로 인정받아 버티는 것보다 깨지더라도 새로운 분야에 도전하고 싶었어요.

새로운 일에 도전할 때 환영받는 느낌을 받은 적은 없습니다. 가장 큰 복병은 주위 사람들이지요. 한 번 사는 인생, 내 인생은 내가 살지 남들이 대신 살아주지 않아요. 누가 그러거나 말거나 하고 싶은 일이 있으면 도전해 봐야죠. 내가 무엇을 할 수 있을지 없을지 직접 해보지 않으면 알 수 없고요. 부족한 점이 있다면 그걸 공부로 채우면서 나아지는 겁니다. 100세 시대에 우리는 나이 70, 80에도 무엇인가를 해야 해요. 세상이 계속 바뀌니까요. 하고 싶은 걸 지속하려면 계속 배우며 도전해야 해요. 주위 사람들이 나의 꿈, 나의 도전을 지지해 줄 것이라 기대하지 맙시다. 분명 외로운 도전이겠지만 세상의 욕망에 휘둘리며 살아온 자신에게 한 번 더 기회를 주려면 고독을 견딜 각오를 해야겠지요.

제천에 사시는 장옥순 할머니는 초등학교를 마치자 전쟁이 터졌고요. 학교를 제대로 다니지 못한 게 평생의 한이었어요. 예순다섯에 공부를 다시 시작해 검정고시로 중등 과정을 이수했고요. 고졸 검정고시는 2018년부터 6번을 재수해 겨우 합격합니다. 코로나로 복지관 수업도 중단되었지만 만학도의 꿈을 포기하진 않으셨어요. 그리고 드디어 여든다섯의 나이에 대원대학교 사회복지학과 22학번 신입생이 되었어요. 아침 7시에 집을 나와 버스를 타고요. 젊은 학생들은 10분이면 찾아가는 강의실까지 가는 데 불편한 걸음 탓에 30분이 걸려요. 그래도 괜찮아요. 남들보다 일찍 등굣 길에 나서거든요. 할머니는 늘 "젊을 때 공부를 못 한 게 미련이 남아 배우는 게 그저 즐겁다."라고 하십니다.

《영어책 한 권 외워봤니?》를 쓰고 저자 강연을 많이 다녔어요. 그때 청중들에게서 이런 말을 많이 들었어요.

"피디님, 저는요, 어려서부터 언어에 소질이 없었어요. 그래서 영어를 못해요. 공부한다고 다 되는 건 아니더라고요."

대학교 2학년 때 제 영어 성적은 D+이었어요. 낙제점에 가까웠죠. 학창 시절에는 공부보다 노는 걸 더 좋아했어요. 어려서부터 영어를 좋아했다거나 잘했던 게 아니랍니다. 입시를 준비할 때 나의 소질이나 관심사보다는 성적에 맞춰 대학에 진학했으니 비싼 등록금을 내고 다니는 대학에서도 공부의 재미를 몰랐어요. 군 제대를 앞두고 회화 문장을 외우며 영어에 자신감을 얻기 시작하면서 달라졌습니다. 공부를 제대로 해보기 전에는 내게 재능이 있는지 없는지 알 수 없어요. 남들 공부하던 시기를 놓치고 나니 공부하고 싶어도 20대는 돈이 없고, 30대는 시간이 없고, 40대는 마음의 여유가 없습니다. 한창 일할 나이에 공부를 다시 시작하기란 정말 부담스럽지요.

50대는 어떨까요? 돈은 좀 모았고 시간은 많습니다. 주위 시선 때문에 사회적 의무를 다하느라 공부하기 힘들었다면 은퇴자의 시간이야말로 공부하기 좋을 때지요. 100세 시대라니 인생의 절반이 남은 지금이라도 얼마든지 숨겨진 재능을 발굴할 수 있어요. 동네 주민센터에서 하는 인문학 강좌나 평생학습원의 영어 회화 교실에 다녀보면 학창 시절에는 몰랐던 공부의 즐거움을 발견할 수 있습니다. 배움에 눈 뜨는 것. 나이 구십 먹은 미래의 내가 저 멀리서 응원하고 있습니다.

　'아직 몸과 마음이 쌩쌩할 때 한 번만 더 힘을 내주게. 못 다 한 꿈을 위해 마지막으로 한 번만 더!'

힘들 때
뭐라도
해보라는 말

매달 한 번씩 만나 책 이야기를 나누는 후배가 있어요. 한 달 동안 읽은 책 중 좋았던 책을 서로 추천하고 다음 만남에서 그 책을 읽고 느낀 점을 함께 나눕니다. 어느 날 그 후배가 한 달 동안 책을 거의 읽지 못해 추천할 책이 없다고 고백했어요. "회사 일이 그렇게 바빴어?" 하고 물어보니 휴대용 게임기 닌텐도 스위치로 '모여봐요 동물의 숲'을 하느라고 그랬대요. 한 달에도 몇 권씩 책을 읽는 독서광이 게임 하느라 책 한 권 읽지 못했다니 그게 그렇게 재미있나?

코로나가 터지고 '모여봐요 동물의 숲' 게임기가 동이 났다는 뉴스를 본 적이 있습니다. 사람들이 밖으로 나가지 못하니까 게임 속 가상현실 공간으로 이주해 대리만족을 한 건가? '모여봐요 동물의 숲'을 시작하자 저 역시 바로 빠져버렸어요.

그즈음 저는 정말 외로웠습니다. 한겨레 칼럼 사태 이후 사람을 만나는 게 두려웠어요. 평소 제가 추앙하던 작가들이 온라인에 글을 올려 나를 비난하는 모습을 보고 상처를 많이 받았습니다. 친구들과 어울려 차를 마시며 웃고 떠들다가 혹 누가 나를 보고 '칼럼으로 사고 친 그 인간, 아직도 정신 못 차리고 이러고 있음'이라고 SNS에 글이라도 올릴까 두려웠어요. 누가 나를 알아봤겠습니까마는 그만큼 심리적으로 위축된 상태였지요.

만나자는 약속도 물리치고 칩거하며 지내다 '동물의 숲' 친구들을 만났습니다.

"미키타임님(게임 속 나의 닉네임), 어제저녁에 내린 별똥별 봤어? 별똥별을 보며 소원을 빌면 꿈이 이루어진대."

"와, 새로 산 모자야? 멋지다."

"2층을 새로 지었더라? 멋진 방을 꾸며보라고 집들이 선물을 보내니까 방에다 꾸며봐."

거기서 만난 친구들은 말을 걸어주고 새로운 미션을 완수할 때마다 모여서 축하 파티를 열고 선물을 줬습니다. 게임 속 NPC(Non-Player Character)들이라 그들이 하는 행동이나 말은 다 자동 실행 프로그램이라는 걸 알면서도 그들의 말 한마디 한마디에 위안을 얻었습니다.

　현실의 나는 한순간에 사라졌습니다. MBC 김민식 피디도, 한겨레 칼럼니스트 김민식도, 유튜버 김민식도 더는 없었지만 나는 동물의 숲에서 '미키타임'으로 다시 태어났어요. 무인도로 이주한 나는 그곳에서 만난 동물 친구들의 도움을 받아 집을 짓고 가구를 만들고 정원을 꾸몄습니다. 낚시로 물고기를 잡고 곤충을 채집했어요. '동물의 숲' 하는 재미에 빠진 어느 날 둘째에게 게임기를 건네줬어요. 중학생이 되어 처음 맞은 겨울방학인데 코로나로 바깥출입도 못 하며 갑갑한 시간을 보내고 있었거든요. 딸도 금세 빠져들었고 우리의 대화는 풍성해졌습니다.

　"아빠, 오늘의 고가 매입품은 뭐야?"

　"응, 오늘은 원목 테이블이야."

　"아, 단단한 목재가 부족하네."

　"아빠가 나무해다가 집 앞에 갖다 놓을게." "고마워, 아빠. 파타야가 어제 내게 레시피 하나를 줬는데 나는 예전에 너굴 상점에서 산 거라서 필요 없거든. 아빠한테 줄게."

　"해변에 놓아두면 아빠가 잽싸게 주워갈게!"

　그때부터는 아이와 함께 취미 생활을 공유하는 게 좋아서 게임을 즐기게 되더군요. 식탁에서 아빠와 딸이 게임을 주제로 도란도란 수다를 나누는 그 모습이 부러웠는지 평생

게임이라곤 해본 적이 없던 아내가 게임기를 집어들었어요. 아내 역시 바로 빠져들었습니다. 꽃을 가꾸는 걸 좋아하는 아내는 섬 곳곳에 꽃씨를 뿌리기 시작했어요.

"오늘은 비가 오네? 얼른 장미 모종을 사서 개울가에 심어야겠다."

"엄마, 내가 엄마 꽃밭에서 호박 좀 따가도 돼? 호박 랜턴을 만들려고."

온 가족이 가상의 섬으로 주말 귀촌을 한 것 같았어요. 나는 나무를 패서 가구를 만드는 걸 좋아하고 아이는 낚시를 좋아하고 아내는 꽃을 가꿉니다. 서로 다른 취향이 하나의 섬에서 어우러지니 우리 가족의 섬 생활이 더 풍성해졌어요.

아이에게 닌텐도 스위치를 건넬 때 분명하게 밝혔어요. 이건 아빠의 장난감이라고. 30년간 일하느라 고생한 아빠가 자신에게 준 선물이니까 너는 주말에 하루 30분씩 시간을 정해두고 빌려 쓰는 거라고 원칙도 내세웠죠. 다행히 아이는 한마디 불평도 하지 않더군요. 학교 온라인 수업 중에 혹시나 게임기를 붙들고 있을까 봐 외출할 때 숨기기도 했는데 기우였어요. 시험 기간에는 스스로 게임을 폐하더니 나중에는 자발적으로 '모여봐요 동물의 숲'을 그만뒀습니다.

"왜 요즘은 안 해?"

"응, 그냥 바빠서."

아이와 섬 생활에 대해 더는 이야기할 수 없다는 게 아쉬웠지만, 철없는 아빠를 위해 아이에게 게임을 더하자고 할 수는 없었죠. 아빠와 놀아준 딸 덕분에 충분한 위안을 이미 얻은걸요.

힘들 때면 책에만 매달린 적이 많았어요. 책조차 읽기 힘들었던 그 시절, 뜻밖에도 게임에서 큰 위안을 얻었죠. 마음껏 웃었고 가족들과 대화하는 시간도 늘어났고요. 힘들 때 뭐라도 해보라는 말은 그런 의미인가 봅니다. 평소 못 보았던 쪽으로 시선을 돌려 익숙한 틀에서 벗어나는 것, 용기가 필요하지만 꼭 시도해 보길 권합니다. 여태 몰랐던 새로운 감정과 만나게 될 거예요.

머리 위의
태양을
늘 기억하렴

100세 인생은 최초의 인류가 등장한 이래로 누구도 살아본 적이 없는 시대입니다. 하지만 준비되지 않은 채 맞닥뜨린 장수는 축복이 아니라 저주가 될 수 있어요. 일본은 우리보다 고령화 사회가 빨리 왔고요. 유교문화권이라 비슷한 정서와 생활방식을 가지고 있어요. 일본의 노후 설계사인 요코테 쇼타는 《나이 드는 게 두렵지 않습니다》(윤경희 옮김, 중앙북스)에서 이런 전망을 내놓습니다.

56세, 황혼이혼 위기에 봉착하다.
60세, 연봉은 반으로 줄어들고, 일은 신입 사원급으로 돌아
    간다.

66세, 암 선고를 받다.

70세, 의료비 지출이 증가해 평생 모은 돈이 사라진다.

77세, 집을 싼값에 급매로 내놓다가 손해만 본다.

82세, 치매에 속수무책으로 당하다.

90세, 시설 입원 후 제대로 걷지 못하고 누워만 있다.

제 나이가 쉰다섯인데요. 이런 말이 남의 일 같지 않아요. 실제로 제 주위에서 흔히 접한 사례거든요. 61세에 정년 퇴직 후 우울증으로 고생하는 분들이 많아요. 살이 심하게 빠진 모습에 혹시나 암에 걸린 게 아닌지 걱정했는데 알고 보니 우울증에 불면증이 겹쳐 그렇다고요.

책에 소개된 60대 환자의 사례를 보면, 갱년기를 겪는 아내는 매일같이 스트레스를 남편에게 풀고요. 19세 딸은 SNS 왕따를 당해 등교를 거부하며 집에서만 시간을 보내는 은둔형 외톨이예요. 실직한 가장은 고향에 계신 치매 걸린 어머니를 부양하기 위해 장거리 돌봄 노동에 나섭니다. 수입이 끊겨 금전적인 불안에 시달리고 모친 간호로 몸 여기저기가 쑤시고 아파지더니 결국 노인성 우울증에 걸립니다.

퇴직하고 가족과 더 많은 시간을 보낼 거라 결심했다가 오히려 갈등이 심해져 우울증에 시달리는 사람들이 많습니다. 아이들이 출가하고 부모님과 형제, 배우자를 떠나보내고 혼자 있는 시간이 길어지면 노후의 우울증은 치매로 발전합니다. 치매는 사회적 관계가 단절된 노인에게 더 빨리 찾아오거든요.

　노인성 우울증이 위험한 이유는 발견이 어렵기 때문이지요. 젊은 사람의 우울증은 쉽게 발견됩니다. 학교에 다니거나 직장에 출근하면 이상 신호가 동료나 가족에게 전달되거든요. 그러나 퇴직하고 혼자 사는 노인의 경우 증상을 알아채고 치료를 권할 사람이 없어요. 당사자가 스스로 우울증을 치료하겠다고 나서는 사례는 거의 없고요. 치매보다 더 두려운 건 자살이지요. 일본의 고령자 자살자 중 65퍼센트는 우울증을 앓고 있었답니다. 우울증을 피하려면 어떻게 해야 할까요?

> 우울증을 유발하는 여러 요인 중 하나로 세로토닌이라는 신경전달물질의 감소가 있다. 세로토닌은 이른바 '행복 호르몬'이라고도 불린다. 세로토닌이 증가하면 행복감을 느낄 수 있게 되기 때문이다.
>
> 오전에 쏟아지는 태양 빛을 받으며 산책을 하면 세로토닌이 분비된다. 평온함과 편안함을 얻을 수 있고 기분이 좋아지며 활력이 나온다. 한편 세로토닌이 줄면 불안, 걱정, 예민함, 신경질, 초조 상태가 되고 만성화하면 우울증이 된다.

일본의 후생노동성이 조사한 바에 따르면 겨울에는 일 조시간이 짧아지는 동시에 우울증이 늘고 자살률도 높아진 답니다. 문득 겁이 납니다. 2021년 1월, 저도 무척 우울했거든요. 퇴직 예정자에서 퇴직자가 되고 그렇게 좋아했던 드라마 피디라는 커리어는 끝이 났지요. 능력이 부족해 더 이상 회사에 도움이 되지 못하는 속상함도 컸고요. 40대 후반을 유배지에서 떠돌다 겨우 복귀했는데 변변히 일도 못 하고 그만두는 제 처지가 서글펐죠. 하지만 세상에 대한 원망은 오래 묵히면 자책과 분노로 이어지기 십상입니다. 내가 하지 못한 무언가를 후회하기보다 지금 이 순간 내가 할 수 있는 일에 집중해야 해요.

내가 할 수 있는 일이 무엇인지 당장 떠오르지는 않았지만 우선 걷기로 했어요. 고개를 들면 태양은 언제나 그 자리에 있으니까요. 매일 아침 햇빛을 받으며 산책에 나섭니다. 햇빛이 행복 호르몬을 생성한다잖아요. 어떻게든 우울을 걷어내고 행복해질 방법을 찾고 싶었어요. 뉴질랜드 원주민인 마오리족에 전해오는 속담에 이런 말이 있다고 해요.

"태양을 향해 몸을 돌려라. 그러면 그림자는 네 뒤로 떨어질 것이다."

마음이 불안할 때

걱정을 없애려고 애쓰지 말고
때로는 그냥 방치하는 것도 방법이더라고요.

1

아무리 힘든 순간에도 재미난 부분이 있다

어려서 저는 남을 웃기려고 집착했어요. 책을 보니, 사람은 웃기는 사람보다 자신의 이야기에 잘 웃어주는 사람을 더 좋아한대요. 그래서 사람들의 이야기에 귀를 기울이고, 재미난 대목에는 웃음을 터뜨렸어요. 거울을 보고 무표정하게 있으면 쌀쌀맞아 보입니다. 웃는 얼굴은 상대방의 기분을 좋게 합니다. 거울을 보고 웃음을 연습했어요. 처음엔 어색해도 익숙해지면 자연스러운 웃음이 나옵니다.

가장 중요하게 생각하는 삶의 태도는 '웃음'이에요. 아무리 힘든 순간에도 잘 찾아보면 재미난 부분이 있어요. 이걸 찾아내는 게 또 재미예요. 우리가 고난 앞에서도 웃음과 재미를 찾을 수 있다면 인생에서 겁이 없어져요. 웃음의 힘이에요. 후쿠오카 켄세이의 《즐거운 불편》(김경인 옮김, 달팽이)에 이런 구절이 있어요.

> 자신의 둘레 1킬로미터에서도, 자기가 죽는 날까지 걸어도 다 맛보지 못할 만큼 기쁨들이 숨 쉬고 있다.

2
70점, 최선 아닌 차선으로 살아가요

블로그에 올린 육아일기를 보고 아내가 한마디 합니다. "당신이 평소에 어떻게 사는지 내가 확 불면 당신은 끝이야, 알지?" 맞아요. 블로그에 '요리 배우는 남자', '살림 사는 남자' 운운하지만 내가 집에서 하는 건 아내의 기준에 훨씬 못 미치죠. 나의 목표는 '70점짜리 아빠'예요. 완벽한 아빠가 되려고 애쓰다 보면 도리어 아이를 억압하는 경우도 생기지요. 자기 자신에게 불만족하게 돼요. 아이의 자율성은 스스로 알아서 할 때 길러지거든요.

100점 아빠, 맹렬 아빠로서 육아에 올인할 자신은 없어요. 하지만 육아를 취미처럼 즐기며 아이들과 즐거운 시간을 보내고 싶은 자세는 되어있어요. 그걸로 만족합니다. 우리 삶도 비슷해요. 이근후 박사님은 《나는 죽을 때까지 재미있게 살고 싶다》(갤리온)에서 이렇게 말씀해요.

> 나는 '최선'이라는 말이 싫다. 최선은 내가 가진 100을 다 쓰라는 말이다. 그러면 씨앗을 먹어치운 농부처럼 내일을 기약할 수 없게 된다. 차선이라고 해서 적당히 하다가 내키는 대로 그만두는 것은 아니다. 무엇이든 완벽에 매달리기보다 잘하는 정도에서 즐기고 만족한다는 뜻이다. 차선으로 살아서인지 나는 무슨 일이든지 오래도록 꾸준하

게 하는 습관이 있다. 내가 많은 일을 할 수 있었던 것도 늘 나의 능력을 30퍼센트가량 아껴두었기 때문이다.

3
걱정을 해서 걱정이 없어지면 걱정이 없겠네

어렸을 때 동네 개들의 이름이 워리, 메리, 해피였어요. 영어 뜻을 알고 난 후부터 Worry는 멀리하고 Merry와 Happy만 가깝게 지냈어요. 그런데 걱정 없이 사는 삶은 쉽지 않아요. 조지 월턴이라는 정신과 상담의는 '걱정은 질병'이라고까지 말해요. 실제로 우리가 안고 살아가는 대부분의 '걱정'은 할 필요가 없어요. 통계에 따르면 걱정의 96퍼센트는 대부분 지나간 과거, 아직 오지 않은 미래에 대한 일이라고 해요. 내가 아무리 애를 써도 바꿀 수 없는 일이라면 최선을 다해 노력하되 그 결과는 하늘에 맡겨요. 과거에 대한 후회와 미래에 대한 걱정으로 지금 이 순간, 현재를 즐기지 못하는 건 너무 억울한 일이니까요.

어렸을 때 가장 큰 고민은 못생긴 외모였어요. 어느 날 문득 깨달았지요. '태어날 때부터 못생긴 얼굴을 바꿀 수 있는가?' 없었어요. 없으면 그냥 받아들이고 살자. 못생긴 남자 대신 재밌는 남자가 되기로 결심했지요. 드라마 피디로 일할 때도, 내 딴에는 재미난다고 생각해서 만들었는데 시청률이 저조하다 싶으면 '어쩌겠는가. 이번에 배워서 다음에 더 잘하면 되지.'라고 생각했어요. 힘든 일을 겪으면서 걱정하는 것은 자연스럽지요. 하지만 불안과 걱정에 사로잡힐수록 더 외로워지더군요. 걱정은 외로움의 또 다른 모습인가 봅니다. 걱정을 없애려고 애쓰지 말고 때로는 그냥 방치하는 것도 방법이더라고요.

class 3

외로움 수업,
모든 것들과
화해하는 시간

내 잘못이 아닌
상처는 이제
그곳에 두고 오렴

어려서 아버지에게 맞은 이야기를 자주 합니다. 왜 아픈 이야기를 자꾸 할까. 나이 오십이 넘었으면 그 시절 민식이를 보내주고 지금의 나로 살아도 되는데⋯. 불쑥불쑥 그때의 기억이 찾아옵니다.

엄한 아버지에게 공부를 못한다고 허구한 날 맞았지요. 성적표만 나오면 빗자루, 총채, 구둣주걱 등 오만 가지 물건이 다 매로 변했어요. 하루는 성적표가 오기 전날, 매가 될만한 건 다 숨겼는데 아버지는 전기 코드를 뽑으셨어요. 다음 날 온몸에 뱀 문신을 한 양 붉은 줄이 웃통을 휘감고 있었어요.

집에서 맞고 다니느라 제 표정은 늘 우울했어요. 그랬더니 학교에서는 아이들의 놀림감이 되었어요. 빼빼 마르고 새

카만 얼굴에 늘 울상이라, 반에서 못생긴 아이 1등으로 뽑힐 정도였어요. 정말이지 살기가 너무 괴로운 시절이었지요.

별로 자랑스럽지 못한 옛이야기가 다시 떠오른 건, 영화 〈돼지의 왕〉을 보면서예요. 영화에는 두 부류의 아이들이 등장해요. 친구들을 놀리고 괴롭히는 아이들은 '개'로, 거기에 맞서 대항할 생각도 못 하고 피둥피둥 살만 찌우고 사는 '돼지'들로 나뉘어요. 돼지는 자신이 행복해지는 길이, 눈앞에 놓인 먹이를 열심히 먹는 것으로 생각하지요. 하지만 그렇게 해서 살찐 돼지는 개들의 먹이가 될 뿐이에요. 돼지의 행복은 눈앞의 먹이를 먹는 것이 아니라 개들과 싸워 자유를 찾는 것인데, 돼지들은 결코 그 생각을 하지 못하죠.

영화에서 주인공이 자살을 결심하는 장면이 나와요. 개들에게 복수하고 돼지들에게 경각심을 일깨워 주려는 심산이었지요. 저도 그 시절, 자살을 결심한 적이 있어요. 답이 보이지 않았으니까. 집에서도 힘들고 학교에서도 괴로웠거든요. 어디에도 탈출구는 없었어요. 어느 순간 그런 생각이 들더군요. 나를 괴롭히는 녀석들에 대해 내가 할 수 있는 최고의 복수가 자살이 아닐까?

사실 바보 같은 생각입니다. 자살은 나를 가장 힘들게 한 사람을 괴롭히는 일이 아니라, 나를 가장 사랑하는 사람을 가장 고통스럽게 만드는 일이니까요. 생각이 그에 이르자 못 죽겠더라고요. 무엇보다 내가 죽으면, 나더러 찌질하다고 놀려대던 녀석들은 '것 봐라, 그놈 진짜 찌질하다니까!' 하고 놀리고도 남을 거라는 사실을 알게 되었거든요.

다른 방법으로 증명해 주자고 생각했어요. 나는 찌질하지 않다는 것을, 나도 즐겁게 살 수 있다는 것을 보여주고 싶었어요. 그러려면 일단 살아야 했어요. 왕따가 세상에 맞서는 법? 사는 것이에요. 그것도 즐겁게요. 남들의 시선, 이목 따위 신경 쓰지 말고 내가 하고 싶은 대로 마음껏 저지르며 사는 것이에요. 지금도 저는 하루하루 최선을 다해 즐겁게 살려고 노력해요. 고교 시절 자살의 유혹을 이겨냈던 어느 날 이후, 내 삶은 내가 스스로에게 준 상이에요. 그러니 즐기지 않을 이유가 없지요.

폭력과 왕따로 힘들어하고 절망하는 이들이 얼마나 외롭고 힘든지 조금은 압니다. 그들을 향해 이겨내라는 둥 충고하고 조언하는 것은 별로 큰 도움이 되지 못해요. 하지만 그 시간을 지나고 보니 용기를 드리고 싶어요. 조금만 더 힘을 내주면 좋겠다고요.

물론 상처는 쉽게 잊히지 않을 겁니다. 살면서 계속 생각나지요. 어쩔 수 없는 거 같아요. 모른 척 애써 묻어두지 않고 그때마다 "민식아, 너 잘 있지? 지금 너는 꽤 잘 살고 있으니 괜찮아."라고 그 시절에 남겨두고 온 나에게 말하곤 해요.

그렇지 않으면 살면서 또 다른 힘든 상황에 처하면, 옛날의 그 상처들을 꺼내 나를 자책하게 되거든요.

세상은 때론 너무 잔인하기도 해요. 하지만 그런 고통을 이겨낸 사람들이 삶의 고마움을 더 잘 알고 생을 즐깁니다. 시련을 이겨낸 만큼 더 강해진 거예요. 어쩌면 인생은 고통도 행복도 총량 제한제인가 봐요.

나 자신을 미워하지 않는 삶. 어쩌면 태어나서 처음부터 끝까지 '나'라는 존재를 온전히 받아들이며 살아가는 게 우리 삶의 목적인지도 몰라요.

자존감으로
안 될 때는
어떻게 할까

    귀신처럼 나의 취향을 알아 새로운 콘텐츠를 추천해 주
는 넷플릭스나 왓챠를 이용할 때마다 그런 생각을 합니다.
"책 읽는 사람은 갈수록 줄겠네…." 영화, 드라마, 애니메이
션, 다큐멘터리까지 OTT(인터넷 영상 서비스)로 봐야 할 게 너
무 많아 잠을 줄여야 할 형편이죠. 넷플릭스는 내가 어떤 장
르의 어떤 영화를 몇 분 몇 초까지 시청했는지 알기에 알고
리즘 분석을 통해 나의 취향을 귀신같이 예측하고 볼만한
콘텐츠를 추천해 줍니다.

    하지만 책은 그렇지가 않아요. 책을 읽는 건 데이터로
분석해 내기 어려운 아날로그적인 경험이니까요. 내가 어떤
종이책을 한번 앉은 자리에서 어디까지 읽었는지 분석하는

알고리즘은 아직 없어요. 온라인 서점에 책 리뷰를 올리거나 별점을 매기면 추천 알고리즘이 작동하지만 사실 좀 애매하죠. 아직 읽지 않고 사둔 책이나 도무지 리뷰나 별점을 올리고 싶지 않은 책도 있고, 무엇보다 리뷰를 쓰는 것 자체가 품이 많이 듭니다. 이럴 때 제가 주로 애용하는 방법은 책을 추천하는 책을 찾아보는 겁니다.

《실례지만, 이 책이 시급합니다》(민음사)를 쓴 이수은 선생님은 20년간 해외문학을 국내에 소개한 편집자 출신입니다. 저자는 이 책에서 《변신》, 《죄와 벌》, 《돈키호테》, 《고도를 기다리며》 등의 고전을 추천하는데요. 잠깐 《고도를 기다리며》라면 20대에 대학로에서 연극으로 본 후 '도대체 고도가 누구야? 왜 기다리는 고도는 나오지도 않고 연극이 끝나는데? 내가 두 번 다시 연극을 보나 봐라.' 했던 그 작품이 아닌가요. 책 추천 목록만 봐서는 선뜻 손이 가지 않을 책들이 나열되는데요. 차례를 보면 생각이 달라져요.

가슴속에 울분이 차오를 때는 :
《카타리나 블룸의 잃어버린 명예》《울분》《일리아스》

사표 쓰기 전에 읽는 책 :
《달과 6펜스》《변신》《레미제라블》

통장 잔고가 바닥이라면 :

《마담 보바리》《죄와 벌》

왜 나만 이렇게 되는 일이 없는가 :

《태평천하》《이름 없는 주드》《다섯째 아이》

자존감이 무너진 날에는 :

《설국》《햄릿》《차라투스트라는 이렇게 말했다》

사람들과 어울리기가 힘듭니다 :

《필경사 바틀비》《돈키호테》

　퇴직 후 하릴없이 지내다 우연히 이 책의 차례를 본 순
간 두려워졌어요. '혹시 이 저자 역술인인가? 신기가 있는 거
아냐? 지금 내가 사표를 막 썼고 통장 잔고는 곧 바닥날 예
정이고 자존감이 무너져 사람들을 피해 칩거 중이라는 걸
어떻게 알았지?' 도저히 이 책을 안 읽을 도리가 없더군요.
눈길을 끄는 소제목답게 이수은 저자는 우리에게 익숙한 책
을 색다른 방식으로 소개해요.

　내가 만일 한 나라의 왕자고, 엄청 똑똑하고 잘생겼는데, 왕

국은 부유하고 국민들은 나를 사랑하고 나에게는 예쁜 여자 친구도 있다면, 정말이지 남부러울 것 하나 없이 즐겁기만 하겠다. 자존감 같은 걸 고민할 이유도 없고. 하지만 그게 단지 남들 눈에 비치는 모습일 뿐이라면? 아버지는 비명횡사 했고, 원래 나는 왕위 계승 서열 1위였는데 엄마가 삼촌과 재혼하는 바람에 나이 서른에 아직도 왕자라면? 아버지가 정복했던 옆 나라의 왕자는 벌써 전쟁을 이끌며 자기 몫을 다 해내고 있는데, 나는 아직도 방구석 여포일 뿐이라면?

햄릿은 타인의 요구(아버지: 내 복수를 해다오), 도덕률(옳고 정당한 방법으로 살인할 수 있는가), 자신의 욕망(나도 이웃 나라 왕자처럼 당당하게 살고 싶다) 사이에서 갈팡질팡하다가 자아분열에 이르렀다. 그래서 그가 위대한 비극의 주인공이다. 만일 햄릿이 극도의 가정불화와 망쳐진 연애와 무직자의 서러움 속에서도 '난 이대로 괜찮다.'고 했다면, 그는 희가극의 어릿광대가 됐을 것이다.

금수저를 물고 태어난 햄릿은 왜 비극의 주인공이 된 걸까요? 남들이 보기에 객관적으로 좋은 환경에서 태어났다고 해서 절로 행복해지는 건 아닙니다. 남이 괜찮다고 위로해서 괜찮아질 일이었다면 그런 위로가 없었어도 괜찮았겠지요. 자존감을 좀 키워보라는 조언은 어쩌면 '달이 아니라

달을 가리키는 손가락이 문제'라는 식의 참견일지 몰라요. 햄릿의 고뇌 "사느냐 죽느냐."는 우리 인생엔 자존감 정도로는 해결되지 않는 절박한 걱정거리가 수두룩하다는 엄연한 사실을 일깨워 줍니다.

자존감은 홀로 온전하고 독립적인 심리 상태가 아니라 사회라는 공동체에 속한 나와 타자의 관계 사이에서 작동합니다. 그래서 우리는 타인의 자존감을 해치지 않도록 배워야 해요. 그것이 인성 교육이고 도덕 교육입니다. 내가 나를 깎아내리지 않으려면 남에게 부당하게 폄훼당하지 않아야 하거든요.

익숙한 고전을 자기계발서식으로 해석한 일종의 고전 처방전과 같은 책이에요. 햄릿은 자존감이 바닥을 친 왕자의 이야기고, 돈키호테는 미친 노인이 아니라 홀로 모험을 떠난 기사죠. 이런 신박한 해석이라니! 저자의 유쾌한 입담에 홀려 어느 순간 결제창에서 새 책을 주문하고 말았습니다.

서평 에세이를 읽다 보면 이거야말로 괜찮은 자기계발서구나 하는 책들이 많아요. 기본적으로 서평을 쓰는 저자는 책을 많이 읽어 내공이 적잖이 쌓여있지요. 자기 얘기를 쓰는 것보다 서평을 쓰는 게 더 필력을 요구해요. 자기 얘기와 서평을 결합해 유쾌하게 풀어낸 서평 에세이만큼 훌륭한 자기계발서가 따로 없지요.

저 역시 자기계발서를 쓰는 작가이니 늘 고민을 합니다. 자기계발서란 무엇일까요? 나를 바꾸고 싶은 마음이 간절할 때 읽는 책입니다. 동기부여가 필요해서 읽는 거죠. 그래서 저는 자기계발서가 재미나야 한다고 믿어요. 재미가 있어야 끝까지 읽고 끝까지 읽다 보면 삶을 바꿀 의지가 높아지니까요. 의외로 책 한 권을 다 읽어낸 성취감이 동기부여를 해주기도 합니다.

은퇴를 결심한 저에게 딱 맞는 시급한 책이었습니다. 수십 년이 남았을지 모를 노후를 어떻게 보낼까 고민하는 분이라면 그동안 엄두가 나지 않았던 고전을 읽어보자고요. 세상에, 《고도를 기다리며》를 읽고 싶은 지경이라니! 편집이란 여러 가지 재료를 엮어 하나의 작품을 만드는 작업인데요. 이 고단수의 편집자에게 정말 제대로 엮였습니다.

의미 있는
인생에
꼭 필요한 이것!

은퇴 후 행복해지기 위해 즐거운 일을 찾을 때 중요한 건 지속 가능성입니다. 젊어서야 돈도 벌고 몸도 튼튼하니 괜찮아요. 은퇴하고 알코올 중독에 빠지면 돈도 들고 건강관리에도 좋을 게 없어요. 지속 가능한 즐거움이 아닙니다. 도서관에서 책을 빌려 읽는 건 돈이 들지 않는 데다 도서관까지 산책하며 몸도 움직이게 되죠. 침식을 잊고 독서에 빠져들지만 않는다면 책을 읽는다고 건강을 해치지도 않아요.

부쩍 도서관을 자주 찾았습니다. 평소에 읽고 싶었지만 시간이 부족해 읽지 못한 책들을 찾아 읽었습니다. 블로그나 유튜브에서 책을 소개할 때는 신간 위주로 읽었어요. 새로 나온 많은 책 중에 사람들에게 권할 책을 고르느라 바빴지요. 은퇴와 함께 블로그와 유튜브도 내려놓았습니다. 공적인 의무감보다 사적인 즐거움에 충실한 삶에 푹 빠졌습니다.

어려서 즐겨 읽던 김용의 무협 소설도 찾아봤습니다. 20대에 감명 깊게 읽은 《태백산맥》(조정래, 해냄)까지 다시 읽었어요. 다시 책을 보니 예전과 달리 주인공들의 외로움이 크게 와닿습니다. 무협 소설의 대가인 김용이 자신의 작품 중 가장 아낀다는 《소오강호》의 주인공은 영호충입니다. 정파의 수제자인 그는 사파의 인물들과도 자유롭게 교류하며 지내다 스승에게 파문당하고 연정을 품은 사매에게 버림받습니다. 정파와 사파의 대립이 극렬한 시대에 그는 결국 외톨이 협객으로 살아갑니다.

《태백산맥》에 나오는 인물들 역시 외로움의 화신들이죠. 일제 시절 가족을 버리고 만주로 무장독립투쟁을 떠나는 투사의 삶도 외롭지만 남겨진 이들의 삶도 만만치 않아요. 해방 후 공산주의 혁명에 투신해 산으로 올라가 무장투쟁을 전개하는 빨치산은 얼마나 고독한가요.

책을 읽다 의외의 대목에서 시선이 멈췄습니다. 지주 김사용은 아들을 일제와 싸우는 독립투사로 키워 마을 사람들의 존경을 받는 인물이지만 빨치산이 마을을 점령하자 저잣거리에 끌려 나와 인민재판에 회부됩니다. 마을 사람들 앞에 서서 목숨을 구걸하게 된 지주. 공산주의든 민주주의든 체제의 궁극적인 목표는 양반, 상놈 차별 없는 세상입니다. 자신이 평생의 지표로 삼아온 유교 신분제 사회가 끝났다는 것을 온몸으로 깨달은 김사용은 결국 그 충격에서 헤어나지 못하고 세상을 뜹니다. 세상이 바뀌었을 때 시대의 변화를 따라가지 못하는 노인은 또 얼마나 외로운 존재인가요.

소설을 읽으면 주인공들의 고난과 시련에 집중하느라 힘든 나의 상황을 잠시 잊습니다. 가끔 공허할 때도 있지요. 나는 허구의 이야기로 현실도피를 하는 게 아닌가. 물론 현실의 괴로움을 잊는 것도 독서의 효용 중 하나지만요. 하지만 문제를 해결하고 싶을 때 책에서 도움을 받는 경우가 더 많습니다. 내가 겪고 있는 이 고통을 이전에 겪은 이가 있을 겁니다. 그가 이 문제에 대한 해법을 찾았다면 그는 그 답을 책에 글로 남겨뒀을 것이다. 도서관에 가서 제목에 '고독'이라는 글자가 들어간 책을 모조리 찾아 읽기 시작했습니다.

그중에 모리 히로시가 쓴 《고독이 필요한 시간》(오민혜 옮김, 카시오페아)이 있었어요. 히로시의 또 다른 책 《작가의 수지》(이규원 옮김, 북스피어)는 직장인 겸업 작가의 꿈을 꾸던 시절 제게 큰 도움을 줬는데요. 이번 책은 퇴사를 결정하고 번잡한 마음을 잡는 데 힘이 되어주었습니다.

인생을 살아가는 데는 돈도 별로 필요 없고, 친구도 그다지 필요하지 않다. 혼자 충분히 살 수 있다. 그러나 의미 있는 인생을 살고 싶다면 유일하게 가지고 있어야 할 것이 있다. 바로 '자신만의 고독한 시간'이다.

정보화 사회가 도래하고 가장 피부에 와닿은 것은 IT 기술의 발달로 혼자서도 결과물을 만들어낼 수 있게 되었다는 거예요. 드라마 피디였던 제게 회사에서 더 이상 일을 주지 않던 시기에 글쓰기를 시작하며 삶의 새로운 낙을 만났습니다. 한직으로 밀려나 철저하게 외로워진 덕분에 글을 쓸 수 있었죠. 모리 히로시는 창작을 가능하게 하는 것이 바로 고독이라고 말합니다. 타인과 어울려 즐거운 시간을 보내는 사람은 굳이 글을 쓰거나 그림을 그리지 않아요. 하지만 연인과 헤어져 고독이 밀려올 때는 절망스러워도 그 슬픈 감정을 작품에 쏟아붓고 싶다는 마음이 들지요.

예술은 인간의 추악함이나 허무함, 슬픔 같은 부정적인 것을 긍정적인 것으로 바꾸는 행위다. 가령 견딜 수 없는 고독의 밑바닥에 떨어졌다고 느낄 때, 그림을 그리거나 시를 쓰는 창작활동을 꼭 해보라. 그림을 보거나 책을 읽는 수동적인 행위는 별로 효과가 없다. 오히려 고독감이 깊어질 우려가 있다. 하지만 스스로 무언가를 만드는 행위에 시간을 쏟으면 그 마음의 일부는 반드시 예술로 승화된다. 만약 그런 재능을 조금이라도 가지고 있다면 뭐든 좋으니 꼭 시도해 보라. 그림이나 시, 음악, 연극 등 뭐든 좋다. 모든 예술에는 그런 기능이 있다.

은퇴 후 혼자만의 고독한 시간을 이용해 창작에 열중하고 싶습니다. 일도 일이지만 여가를 어떻게 보내느냐도 중요하지요. 《혼자 쉬고 싶다》(니콜레 슈테른, 박지희 옮김, 책세상)를 보면 쉬는 일도 쉽지는 않습니다. 고독이 번뇌로 이어지기도 하거든요.

부처는 피할 수 없는 인생의 고통을 화살에 맞는 것으로 표현했다. 가령 질병이나 손실, 실패를 만났을 때처럼 말이다. 그런데 우리는 이 상처에 스스로 두 번째 화살을 쏘는데, 부처는 이를 불필요한 번뇌라고 했다. 이러한 두 번째 화살은 스스로 비난하고, 반복해서 생각하고, 저항하고 집착하고, 자책하는 것을 말한다. 고통스러운 경험 그 자체보다 우리 스스로의 반응으로 더 괴로워지는 것이다.

고통은 피할 수 없지만 번뇌는 선택할 수 있습니다. 넘어져서 다치면 고통을 느낍니다. 이것은 피할 수 없죠. 다친 경험을 끊임없이 소환해 자신을 탓하거나 남을 원망하는 일은 우리를 번뇌로 이끕니다. 고통은 시간이 지나면 대개 가라앉지만 우리가 집착하는 정신적이고 감정적인 고통은 우리를 과거에 가두고 계속해서 괴롭힙니다. 외로움이라는 고통이 첫 번째 화살이라면 원망이라는 고통은 두 번째 화살입니다. 첫 번째 화살은 맞아도 두 번째 화살은 피해야 해요. 외로움에 사로잡혀 타인을 원망하며 살아가지 않으려면 무엇을 해야 할까요? 나의 오늘 하루가 즐거워야 합니다.

지속 가능한 즐거움을 가져다주는 첫 번째가 바로 독서입니다. 독서는 외로운 시간을 즐거운 시간으로 만들어주고 삶에 의미를 부여해 주죠. 심지어 괴로움에서 벗어날 길까지 찾아주니 이보다 더 좋은 것도 없습니다.

내 삶에
꼭 던져야 할
5가지 질문

행복하기 위해 우리는 무엇을 해야 할까요? 더 좋은 성적을 올려 더 좋은 학교에 갈 수도 있고 더 좋은 직장에 들어가 더 많은 돈을 버는 것도 방법이겠죠. 하지만 끝없는 경쟁이 펼쳐지는 사회는 가만히 있으면 금세 뒤처지는 '붉은 여왕'의 나라입니다. 《이상한 나라의 앨리스》에 등장하는 붉은 여왕은 힘껏 달려야만 겨우 제자리를 지킬 수 있는 '거울나라'에 살고 있어요. 아무리 노력해도 격차가 좁혀지지 않는 상황을 말할 때 '붉은 여왕 효과'라고 하지요. 거울나라에서처럼 우리는 누구보다 나은 위치에 있으려면 끊임없이 내달려야 하죠. 《아주 보통의 행복》(21세기북스)에서 저자 최인철 교수님은 이렇게 말합니다.

행복은 그저 일상의 삶을 잘 살아가는 것. 밥을 먹고, 일을 하고, 대화를 나누고… 매일매일 반복되는 일상의 사소함 속으로 더 깊이, 온전히 들어가는 것이 행복이다.

드라마를 연출할 때 제 불행의 시작은 스마트폰의 진동 벨소리였어요. 촬영 중 누군가 담당 피디에게 전화를 할 때는 뭔가 문제가 생긴 거예요. 대본이 잘 풀리지 않을 때, 배우의 스케줄에 문제가 생겼을 때, 편집 중 화면에 이상을 발견했을 때 다들 제게 전화를 겁니다. 진동 벨이 울릴 때마다 긴장했어요. 드라마가 끝나고 휴가를 떠나면 스마트폰도 비행기에 태웁니다. 네, '비행기 모드'인 채로 두고 휴가를 보냅니다. 그럼 전자책 읽기나 다운받은 영화 보기는 가능하지만 실시간 연락은 오지 않거든요.

은퇴하고 가장 행복한 순간은 스마트폰을 무음으로 전환할 때였어요. 요즘은 스마트폰을 무음으로 돌리고 운동이나 걷기, 독서에 집중하고요. 한두 시간마다 한 번씩 메시지만 확인합니다. 용건이 있는 분이라면 전화를 받지 않으면 문자를 보내겠지요. SNS 앱도 지웠어요. 내 삶을 실시간으로 중계하는 일도 그만두고 실시간 스마트폰으로 타인의 삶을 들여다보는 시간을 줄이는 것만으로도 일상의 소소한 행복이 늘어나요. 인터넷 접속은 하루 세 번이면 충분하고요. 문

자나 카카오톡, 이메일을 실시간으로 확인하지 않아도 큰일
이 생기지는 않더라고요.

> 이제 세상에 대해 위대한 저항을 시작해야 한다. 모두가 실
> 시간성에 집착할 때, 한 박자 늦는 사람이 되기로 결심해야
> 한다. 습관적으로 스마트폰을 켜는 행위에 반기를 들어야 한
> 다. 끊임없이 접속하느라 분주한 것 같지만 실은 게으른 것이
> 요, 적극적으로 세상을 탐색하는 것 같지만 실은 단 한 발짝
> 도 세상을 향해 나아가지 않는 나태다. 바쁨을 위한 바쁨일
> 뿐이다. 굳이 알 필요가 없는 것들에 대한 무관심이야말로
> 세상에 대한 가장 적극적인 관심이다. 행복 천재들의 또 하
> 나의 비밀 병기다.

여론조사 기관 갤럽은 각국 사람들의 행복을 측정하면
서 다음과 같은 질문들을 던졌습니다.

> 어제 하루, 당신은 다른 사람들로부터 존중받았습니까?
> 어제 하루, 당신은 새로운 것을 배웠습니까?
> 어제 하루, 당신은 당신이 가장 잘하는 것을 했습니까?
> 어제 하루, 당신은 믿을 만한 사람이 있었습니까?
> 어제 하루, 당신은 당신의 시간을 어떻게 쓸지를 스스로 선

택할 수 있었습니까?

이 질문들을 던진 이유는 여기에 대한 답이 우리의 행복과 긴밀한 관계를 맺고 있기 때문이죠. 우리는 타인으로부터 무시당하지 않고 존중받을 때, 무언가를 배워서 성장했다는 느낌이 충만할 때, 열등감에 시달리지 않고 일을 잘 해낼 때, 무슨 일이 생기더라도 믿을 사람이 있다고 안심할 때 그리고 자기 삶을 주도적으로 살고 있을 때 행복을 경험합니다. 행복은 존중, 성장, 유능, 지지, 자유와 같은 내면의 욕구에 의해 결정되는 거죠.

이 다섯 가지 질문들에 '예'로 답한 사람들의 비율을 토대로 각국의 순위를 정한 결과, 매우 충격적이게도 우리나라는 89개국 중 83위를 차지했습니다. 우리 사회가 주로 던지는 질문들은 경제적 부와 사회적 지위에 관한 것들입니다. 돈을 잘 버는지는 묻지만 자율적으로 살고 있는지는 묻지 않아요. 대기업에 다니는지는 묻지만 존중받고 사는지는 묻지 않지요. 아파트 평수는 묻지만 외로운지는 묻지 않습니다. 내면에 대한 질문을 던지는 방법은 무엇일까요? 제게는 독서입니다.

책을 읽을 때 저는 행복합니다. 행복은 존중, 성장, 유능, 지지, 자유와 같은 내면의 욕구로 결정된다고 하잖아요? 책을 읽는 건 우선 나 자신을 존중하는 행위입니다. 책을 읽으면 새로운 것을 배우며 성장하고요. 독서를 통해 저는 유능하다는 자신감을 얻습니다. 제가 가장 잘하는 일이 독서입니다. 한때는 로맨틱 코미디 연출인 줄 알았는데 아니더라고요. 그래서 피디를 그만두고 은퇴를 선택했습니다. 매일 책 한 권을 읽으며 저는 독서가로 유능함을 느낍니다. 독서는 자기 주도적일 때 더 기쁜 활동입니다. 서점이나 도서관에서 읽고 싶은 책을 마음껏 고르는 일이 무한한 기쁨입니다. 책을 읽는 건 저자를 향한 존중입니다. 책을 쓴 사람에게 가장 필요한 지지는 누군가 그 책을 읽는 행위가 될 테니까요. 마찬가지로 제 글을 읽어주시는 독자들이 제게는 변함없는 지지를 보내주시는 고마운 분들입니다.

앞에 나오는 행복의 기준, 다섯 가지 질문에 대해 여러분은 어떻게 답을 하시겠습니까? 더 많은 질문에 더 자주 '예'를 할 수 있기를 소망합니다. 그것이 우리가 누려야 할 아주 보통의 행복이니까요.

되어야 하는
나보다
되고 싶은 나를 본다

좋은 삶이란 어떤 삶일까? 몸과 마음이 건강한 삶이지요. 저는 육체 건강을 위해 운동을 한다면 정신 건강을 위해 책을 읽습니다. 행복 심리학자 최인철 교수님의 책《굿 라이프》(21세기북스)에는 행복한 사람들의 10가지 특징이 나옵니다.

1. 잘하는 일보다 좋아하는 일을 한다.

2. 되어야 하는 나보다 되고 싶은 나를 본다.

3. 비교하지 않는다.

4. 돈의 힘보다 관계의 힘을 믿는다.

5. 소유보다 경험을 산다.

6. 돈으로 이야깃거리를 산다.

7. 돈으로 시간을 산다.

8. 걷고 명상하고 여행한다.

9. 소소한 즐거움을 자주 발견한다.

10. 비움으로 채운다.

이 중에 제가 노후에 꼭 챙기고 싶은 것은 세 가지입니다.

첫째, 잘하는 일보다 좋아하는 일을 한다.

공부하고 일을 하는 시기에는 좋아하는 일보다 잘하는 일에 집중하죠. 잘 해내야 직장에서 성공하고 사회에서 인정받으니까요. 하지만 행복감이 높은 사람은 그 일을 자신이 좋아하면 잘하는지는 중요하지 않다고 생각하는 반면, 행복감이 낮은 사람은 그 일을 잘하는지를 아는 것이 중요하다고 여긴답니다. 연구팀의 분석에 따르면 순간순간의 즐거움과 의미는 그 일을 잘한다고 느끼는 정도보다 그 일을 좋아한다고 느끼는 정도에 의해 훨씬 크게 좌우됩니다.

24년간 로맨틱 코미디 피디로 일하며 저는 시청률의 압박을 많이 받았고요. 촬영 현장에서 감독으로 막중한 책임을 지며 살았어요. 어떻게 하면 일을 더 잘할까 고민했지요. '잘하는 일보다 좋아하는 일을 한다.' 어쩌면 이것은 은퇴 이후에야 비로소 추구할 수 있는 게 아닐까요?

요즘 저는 탁구를 배웁니다. 나이 오십이 넘어 탁구를

시작하고 처음 몇 달은 엄청 헤맸습니다. 같이 쳐주는 사람이 없어 처음에는 탁구장 구석에서 벽을 향해 빈 라켓만 휘둘렀고요. 어쩌다 쳐도 공 주우러 다니기 바빴지요. 하지만 새로운 취미를 시작한 덕분에 매일 성장하는 기쁨을 맛보고 있습니다. 분명 어제보다 오늘의 탁구 실력은 조금이나마 나아지고 있거든요. 잘하는 일을 하는 것보다 좋아하는 일을 할 때의 행복이 무엇인지 매일매일 만끽하고 있어요.

둘째, 되어야 하는 나보다 되고 싶은 나를 본다.

심리학자 토리 히긴스에 따르면 우리 안에는 3개의 자아가 있답니다. 현실의 나actual self, 되고자 열망하는 이상적인 나ideal self, 그리고 되어야만 하는 당위적 나ought self. 이상적 자기와 현실 자기의 괴리를 좁히는 것을 중요시하는 사람은 자기가 되고 싶어 하는 모습을 갖추기 위해 노력하는 사람이기 때문에 이상, 비전, 열정, 도전을 중시합니다. 반면 당위적 자기와 현실 자기의 괴리를 좁히는 것을 중요시하는 사람은 주어진 역할에 부합해야 하는 사람이기에 의무, 책임, 예방, 현상 유지를 중시하지요.

나이 오십이 넘어가면서 저는 회사 생활에 많이 지쳤어요. 조직에서 주어진 나의 역할에 충실한 것도 중요하지만 '현실 자아'에게 지켜야 할 것만 강요하면 인생은 질식합니다. 행복은 역할, 의무, 책임, 조심, 경계, 현상 유지로 대표되는 당위적 자기의 브레이크보다 꿈, 비전, 이상, 열망으로 대표되는 이상적 자기의 엔진을 달고 전진하는 사람에게 찾아올 가능성이 높습니다.

셋째, 소소한 즐거움을 자주 발견한다.

가끔 이런 질문을 받습니다. "앞으로 피디님이 하고 싶은 일은 무엇인가요?" 은퇴를 선택하며 결심했습니다. 이제는 대단한 이상 같은 건 추구하지 않겠노라고. 큰 꿈을 이루기 위해서는 오랜 시간이 필요합니다. 학창 시절에 친구들이 다 치던 당구를 저는 해본 적이 없어요. 제게는 반드시 이뤄야 하는 목표가 있었기 때문에 그것이 늘 최우선이었기에 소소한 즐거움을 누릴 마음의 여유가 없었어요. 영어를 독학으로 공부해 통역사가 되기까지 10년이 걸렸습니다. 블로그를 시작해 작가로 자리매김하기까지 역시 비슷한 시간이 걸렸고요.

은퇴 후 어떻게 살 것인가를 고민하면서 세 가지 목표를 세웠어요. 평생 목표를 세우고 악착같이 실행해 온 인생이라 그 습관을 바꾸지는 못해요.

첫째, 잘하는 일보다 좋아하는 일을 한다.

둘째, 되어야 하는 나보다 되고 싶은 나를 본다.

셋째, 소소한 즐거움을 챙긴다.

제 여생이 얼마가 될지 알 수 없습니다. 커다란 목표를 향해 매진하다 문득 그 꿈을 이루지 못하고 떠날 수도 있지요. 지금부터라도 소소한 즐거움을 누리며 살고 싶어요. 매일매일을 선물처럼 여기며 이전에 해보지 않았던 새로운 즐거움을 시도하며 살고 싶습니다.

귀찮지만
행복해 볼까

　살면서 깨달은 것 하나. 행운은 운이 좋아야 따르지만 행복은 노력 끝에 찾아옵니다. 피디로 일하는 동안 배우들을 지켜보며 잘생기고 예쁘다고 다 뜨는 게 아니라는 걸 알았어요. 드라마를 시청할 때 방금 주인공이 한 대사를 따라 해보세요. 막 들은 말도 가물가물하고 명대사라고 해도 도무지 말맛을 내기가 어렵습니다. 배우는 남이 써준 대사를 토씨 하나 틀리지 않고 암기해서 카메라 앞에서 진짜 내 얘기처럼 말하는 사람이에요. 우연히 찾아온 행운을 배우의 행복으로 바꾸려면 피나는 노력이 필요합니다.

　《귀찮지만 행복해 볼까》(상상출판)를 쓴 권남희 선생님은 오래도록 일본어 책을 번역한 분인데요, 선생님이 책에서 소개한 작가 무레 요코의 사연이 떠오릅니다. 무레 요코의 아버지는 무능하고 폭력적이며 없는 살림에 오로지 자기 옷매무새, 취미 생활만 챙기는 이기적인 사람이었어요. 어머니는 자식을 위해 참고 살다 무레 요코가 스무 살이 되자 바로 이혼했어요.

가난한 집에 찾아오는 최고의 행운은 무엇일까요? 자식들 중 하나가 경제적 성공을 거두는 거죠. 직장에 다니다 작가로 데뷔하여 뜨기 시작한 요코는 이제 고생 끝, 행복 시작일 줄 알았죠. 그러나 그동안 못살았던 한이라도 풀 듯 어머니의 낭비벽이 풀가동합니다. 한 달에 5,000만 원, 8,000만 원 믿을 수 없는 단위의 카드 청구서가 획획 날아와요. 집을 사달라고 조르는 어머니에게 통장을 다 털고 융자까지 받아서 집을 마련해 주었더니 남동생과 둘이 살겠다며 요코에게는 비상 열쇠도 주지 않아요. 그제야 무레 요코는 당신 같은 사람들과 한 묘지에 묻히고 싶지 않다며 절연을 선언하죠.

'다른 집은 다 화목한데 우리 집만 콩가루야.' 하고 비관하지 마세요. 어느 집이나 문 열고 들어가 보면 곪은 곳은 다 있기 마련이라는 작가님 말씀에 격하게 공감합니다. 없을 때는 오순도순 서로 의지하며 살던 가족이 갑자기 큰 행운을 만나 가정불화를 겪는 일도 허다합니다. 행운이 곧장 행복으로 이어지는 게 아니더라고요.

권남희 선생님은 유럽여행을 가본 적이 없었대요. 비용도 부담되고 연중무휴로 마감에 쫓기며 번역 일을 하고 있어 장기 해외여행은 언감생심이었죠. 그러다가 마스다 미리의 《마음이 급해졌어, 아름다운 것을 모두 보고 싶어》(권남희 옮김, 이봄)를 번역하며 마음이 흔들렸답니다. 이 책은 싱글인 마스다 미리가 더 늙기 전에 한 곳이라도 더 여행을 다니고 싶다는 일념으로 혼자서 용감하게 패키지 투어를 다닌 이야기거든요. 패키지 투어의 장단점과 투어를 즐기는 요령, 준비물, 쇼핑 목록 등을 알차게 설명해 줍니다. 그래요, 이런 책을 보면 용기가 생기죠. 선생님은 대학 친구들과 여행 적금을 부어 유럽여행을 다녀옵니다.

> 여행 파트너로서 최고의 덕목은 긍정적 마인드라고 생각한다. 집에 혼자 있을 때야 중2병이 울고 갈 부정적인 인간이더라도, 여행지에서는 자기뿐만 아니라 남의 여행도 망칠 수 있으므로 긍정적 마인드와 희생정신이랄까, 양보하는 정신을 장착해야 한다.

이건 패키지 투어뿐 아니라 일상에서도 필요한 자세입니다. 나와 함께 사는 사람들을 위해 그들의 하루를 망치지 말아야 한다는 자세로 긍정적 마인드를 장착해 살고 싶습니다. 인생을 살다 일이 잘 풀리지 않으면 자기 비하와 연민에 빠져듭니다. 어느 순간 불행을 즐기고 있지요.

'그래, 어차피 노력을 해도 안 풀리는 인생이라면 차라리 그냥 대충 살지 뭐…'

살면서 망한 적이 많아서 저도 그런 유혹을 자주 받습니다만, 그렇다고 포기해서는 안 되죠. 자기 비하나 자기 연민에 빠져 소중한 날들을 허투루 보내지 맙시다. 내 인생, 내가 아니면 누가 챙겨주지 않아요. 행복하기 위해서는 노력이 필요합니다. 오늘도 주먹 불끈 쥐어봅니다.

"귀찮지만 행복해 볼까?"

"네, 노력해 볼게요!"

스마트폰을
끄고
산에 오르다

　오랜 시간 매스 미디어 피디로 살았습니다. 부당하게 연출에서 배제되었을 때 소셜 미디어에서 활로를 모색했지요. 블로그에 글을 올리고 유튜브에서 생각을 나누고 페이스북으로 일상을 공유했습니다. 학교나 회사 등 오프라인에서 만난 관계에서 상처를 받았다면 온라인에서 맺은 인연으로 위안을 얻었어요. 블로그나 페이스북에서는 나와 생각이 비슷한 사람을 만나기가 수월하고 매일매일 수백 수천 명에 이르는 사람들에게 내가 하는 일에 대한 지지나 응원을 받을 수 있으니까요.

　특히 블로그는 내가 아는 것, 내가 책에서 배운 것을 나누는 공간이었죠. 바빠서 책 한 권 읽을 수 없는 분들에게

단 3분이면 읽을 수 있는 한 편의 글로 책 한 권의 정수를 맛볼 수 있게 하는 것. 매일 아침 블로그에 독서일기를 올린 목적이었어요. 게시글이 올라갈 때마다 꾸준히 댓글을 달아주는 분들과 오랜 친구처럼 우정을 나누는 사이가 되었지요. 하지만 제가 잘못을 저지르자 블로그는 공격의 좌표가 되었습니다. 성난 사람들이 달려와 분노를 쏟아내는 공간이 되어버렸지요.

《고독이라는 무기》(에노모토 히로아키, 장은주 옮김, 나무생각)를 보면 SNS에서 관계를 맺고 사는 사람들이 피해야 할 게 두 가지 있답니다. 하나는 '은근 과민증후군'이고 또 하나는 '은근 과잉증후군'입니다.

"리얼리티 프로는 진짜 리얼인가요?"

예능 피디로 일할 때 가장 많이 받은 질문입니다. 답변하기 참 난감해요. 세상 모든 것을 진짜와 가짜 둘 중 하나로 나눌 수 있을까요? '나는 좋은 사람일까, 나쁜 사람일까?'라는 질문과 비슷합니다. 남들이 보지 않을 때는 나쁜 짓도 살짝 하는 좋은 사람도 있고, 남들이 볼 때만 좋은 일을 하는 나쁜 사람도 있지요. 하지만 우리는 타인의 시선을 의식할 때 조금 더 좋은 사람이 되곤 합니다. 그렇다면 카메라로 찍는 순간 출연자가 하는 행동은 진짜일까요, 가짜일까요?

카메라를 의식하고 찍은 사진은 그나마 괜찮은데 부지

불식 중 찍힌 사진을 보면 잔뜩 인상을 쓴 배 나온 중년 남자의 모습입니다. 그게 자연스러운 나의 모습이건만 당장 사진을 지워버리고 싶죠. SNS에 올라오는 바디 프로필 사진을 보면 우울해집니다. '저 나이에 저 몸매가 가능해?' 그뿐인가요. 다들 나보다 잘 지내는군요. 맛집에서 밥 먹고, 핫 플레이스에서 커피 마시고, 만나는 사람마다 다 선남선녀고요. 세상 좋은 곳으로 여행을 다니네요. SNS 지인들의 근황에 비해 내 삶은 얼마나 비루하고 초라한지 몰라요. 혼자 우울하고 말면 그나마 다행입니다.

SNS에 진열된 타인의 활동을 보며 '나 빼고 다 행복한 거야?' 하고 좌절하고 상처를 받기도 합니다. 상대방은 그냥 올린 여행 사진인데 '잘난척한다', '허세 부린다' 과민하게 반응하며 짜증을 내기도 하죠. '은근 과민증후군'입니다. 좌절은 때로 분노가 됩니다. 주식으로 돈을 벌어 '플렉스' 했다는 친구의 새 차 사진에 이 악물고 '좋아요'를 누르고는 애꿎은 연예인의 근황 기사에 분노의 댓글을 달아요. '돈 많은 부모 만나 외제차도 타고 좋겠네.', '저거 다 성형빨인 거 아시죠?', '손발이 오그라드는 연기. 이런 말도 안 되는 캐스팅이라니, 피디가 돈 먹은 듯.' 등등. 이 정도는 양호하죠. 분풀이할 대상을 찾아 온라인 뉴스를 헤집는 세상에 각자의 우울이 모여 다수의 분노가 됩니다. 뉴스가 가짜여도 분노는 진짜예요. 무분별한 분노에 감염된 순간, 나도 분노를 옮기는 숙주가 될 수 있어요.

'은근 과잉증후군'은 자신의 성취를 사람들에게 알리려는 심리입니다. 맛집을 발견하거나 멋진 풍광을 보면 사진으로 찍어 인스타그램에 올립니다. 남들에게 인정받기 위해 하는 자연스러운 사회적 동기로 시작한 일이지만 지나치면 주위의 반발을 부릅니다. 과도한 자기과시는 주위 사람의 짜증을 유발해 반감을 살 뿐 아니라 자신의 추한 모습까지 드러냅니다.

제 글에도 분명 그런 지점이 있었어요. 그걸 놓쳤지요. 문제가 터진 후 자발적 고독을 선택하고 '고독'이라는 제목이 들어간 책을 찾아 읽다 이 대목을 읽고 잠시 멍해졌어요. 두 달에 걸쳐 그 글을 쓰고 다듬으면서도 문제를 인식하지 못한 이유를 그제야 알게 되었어요. 내가 지나쳤구나.

10년 동안 매일 아침 블로그에 글을 올리고 댓글로 소통하는 게 낙이었는데요. 그 공간이 사이버 공격이 집중되는 온라인 좌표가 되었습니다. 분노를 유발하는 부정적 정보가 긍정적 정보보다 더 빨리 퍼집니다. 생각이 비슷한 사람들과 온라인 커뮤니티에서 서로 피드백을 주고받으며 분노 게이지는 점점 올라가죠. 사람들의 분노에 찬 댓글을 보는 동안 다잡았던 마음에도 내상이 생겼습니다. 더 이상 피폐해진

정신으로는 아무것도 할 수 없겠다는 생각에 블로그도, 페이스북도 내려놓고 마음을 추스르기로 했습니다. 그동안 제게 사회적 관계 맺기의 즐거움을 준 SNS, 이걸 과연 끊을 수 있을까? 《디지털 미니멀리즘》(칼 뉴포트, 김태훈 옮김, 세종)에는 이런 내용이 나옵니다.

> 소셜 미디어를 많이 쓸수록 오프라인 교류에 할애하는 시간이 줄어들며, 그만큼 많은 가치를 잃게 된다. 그 결과 소셜 미디어를 과다하게 쓰는 사람들은 외로움과 불행에 시달릴 확률이 높다. 친구의 페이스북 담벼락에 포스트를 올리거나 인스타그램 사진에 '좋아요'를 누르는 데서 얻는 작은 행복으로는 현실 세계에서 친구와 시간을 보내지 않는 데서 생기는 커다란 손실을 전혀 메울 수 없다.

스마트폰을 끄고 산에 올랐습니다. 혼자 묵묵히 걸어 북한산 백운대에 오르니 바위틈에 뿌리내린 나무가 보였어요. 하필 흙도 없고 물도 없는 바위틈에 자리를 잡았다니! 네 팔자도 참 박복하구나. 부드러운 흙이 있고 뿌리 옆으로 물이 흐르는 숲에 살았으면 얼마나 좋았을까 싶다가 문득 궁금해졌어요. 나무도 질투를 할까요?

식물의 씨앗은 자신이 살아갈 자리를 선택할 수 없어요.

바람에 날려 떨어지든, 새똥에 섞여 떨어지든 그냥 떨어진 곳에서 최선을 다해 뿌리를 내리고 가지를 뻗어 잎을 피우죠. 물이 귀하고 흙이 부족한 바위틈에 떨어진 씨앗은 그래서 불행할까요? 반대입니다. 물 많고 흙 많은 숲에 떨어진 씨앗은 그냥 썩어 죽어버려요. 아름드리 울창한 나무 아래 떨어진 씨앗은 부모의 그늘에 가려 맥을 못 추죠.

그래서 나무는 기를 쓰고 씨앗을 자신에게서 멀리 떨어뜨리기 위해 최선을 다합니다. 부모의 그늘 아래에서 자식은 제대로 자랄 수 없다는 걸 나무는 알거든요. 맛있는 열매로 씨앗을 감싸 동물을 유혹하거나 바람을 타고 날 수 있는 날개를 달아주어 멀리 떠나보내요. 바위틈에 떨어진 씨앗은 경쟁자가 없는 천혜의 환경을 만난 덕에 살아남은 겁니다. 나무의 생태를 유려한 문체로 소개한 《랩걸》(호프 자런, 김희정 옮김, 알마)에 이런 대목이 나옵니다.

첫 뿌리가 감수하는 위험만큼 더 두려운 것은 없다. 운이 좋은 뿌리는 결국 물을 찾겠지만 첫 뿌리의 첫 임무는 닻을 내리는 것이다. 닻을 내려 떡잎을 한곳에 고정시키는 순간부터 그때까지 누리던 수동적인 이동 생활에 영원히 종지부를 찍게 된다. 일단 첫 뿌리를 뻗고 나면 그 식물은 덜 추운 곳으로, 덜 건조한 곳으로, 덜 위험한 곳으로 옮길 희망을 포기해야 한다. 서리와 가뭄과 굶주림이 찾아와도 그로부터 도망갈 가능성 없이 모든 것을 직면해야 한다.

바위에 드러누워 하늘을 올려다보았어요. 바위틈에 뿌리를 내린 나무가 울창한 가지를 뻗어 시원한 그늘을 만들어준 덕분에 쉬어가네요. 빼곡하니 하늘을 가득 메운 이파리들을 보니 절로 겸허해집니다. 나무는 자신이 뿌리내릴 장소를 선택하지 못해요. 어디서든 그냥 꿋꿋하게 살아가요. 햇볕 한 줌 놓치지 않으려고 열심히 가지를 뻗고 싹을 틔우는 나무를 보고 있으려니 잠시 외로움도 잊어버립니다.

무기력에 대해
죄책감을
갖지 말 것

저는 강의를 듣는 걸 좋아합니다. 도서관에서 열리는 저자 특강을 쫓아다녀요. 책벌레인 저에게 작가님의 말씀을 직접 눈앞에서 보고 듣는 건 K-팝 팬이 아이돌의 무대를 직관하는 것 같은 희열을 안겨줍니다. 심지어 공짜로! 그렇게 강의를 듣는 걸 좋아하니 강의를 하는 것도 좋아하죠. 불러주는 곳이 있으면 어디든 달려갑니다. 다만 가끔 강의하러 갔다가 상처받을 때도 있어요. 저만 그런 줄 알았는데요. 정신분석가인 이승욱 선생님도 비슷한 경험을 하셨어요. 저서인 《마음의 문법》(돌베개)에는 이런 글이 나옵니다.

강의가 시작되기도 전에 3분의 1은 한 팔을 깔고 엎드렸다. 3분의 1 정도는 스마트폰을, 또는 옆에 앉은 남자/여자 친구를 만지작거렸다. 그나마 강단 쪽을 바라보는 나머지 학생들도 강의에 크게 관심이 없기는 마찬가지였다. (……) 야심 차게 준비한 하이데거와 실존, 정신분석 강의는 청중의 무기력에 의해 무기력해졌다. 경희대 후마니타스칼리지에서의 강의 경험이다. 나름 강의 좀 한다고 자부했던 나는 무기력해진 채로 돌아왔다. 상처라면 상처였다. 저 200명 넘는 젊은이들 이 내게 말하려 했던 것은, 달리 의심할 것도 없이 '우리는 아 무것도 하기 싫다.'라는 무기력의 함성이었다.

똑똑한 젊은이들이 아무것도 하지 않음으로써 전달하 는 메시지는 이승욱 선생님을 당황스럽고 불안하게 만듭니 다. 더할 나위 없이 수동적인 자세로 이다지도 공격적인 집 단 행위를 할 수 있다니. 그날 이후 선생님은 무기력에 관심 을 기울이고 공부합니다.

저도 퇴사하고 어느 중학교에 진로특강을 갔다가 멘탈 이 붕괴한 적이 있어요. 수업 중에 등 돌리고 앉아 뒤에 앉은 아이와 낄낄거리고 웃기에 주의를 줬더니 금세 조용해지더 군요. 네, 아예 엎드려 자더라고요. 다음부터 중학교 강의는 고사해야 하나요. 연락을 주신 선생님의 간곡한 부탁이 떠 오르네요. '서울에서 차 타고 5시간 걸리는 거리에 있는 시골

학교라 저자를 모시기에 쉽지가 않은데요. 꼭 피디님을 모시고 방송제작에 관한 진로특강을 부탁드리고 싶습니다.' 선생님의 열의와 학생들의 무관심 사이에서 고민이 됩니다. 어떻게 해야 할까.

이승욱 선생님은 같은 학교에서 2년 후 다시 강의 요청을 받습니다. 이번에는 심지어 축제 기간에 열리는 무료 강연이었죠. 맙소사! 누가 축제 때 강연을 듣고 싶겠어요. 하지만 이승욱 선생님은 요청을 수락합니다. 강의 주제를 '무기력'으로 잡고 이런 말씀을 해요.

부모는 자녀를 착취한다. 아이는 생명을 걸고 공부하지만 부모는 조금도 만족하지 않는다. 더! 더! 더!를 외치며 아이의 노력을 착취해서 자신의 행복을 채우려 한다. 기업은 실적과 성과라는 이름으로 직원의 피땀을 마지막 한 방울까지 쥐어짜고, 제도는 정규직과 비정규직으로 편 갈라 서로를 착취하게 하면서 또 싸움을 부추긴다. 남녀는 외모와 능력의 유무로 서로를 착취하면서도 혐오한다. 국가는 이 모든 것을 방조하고 조장하며 나아가 국민의 양심을, 정의를, 미래를, 심지어 생명까지 착취한다.

지난 12년간 여러분은 부모의 욕망을 위해 학교의 실적을 위해 교육제도의 실험 대상으로 자신의 에너지를 써왔다. 많은 에너지를 타인을 위해 사용했을 뿐 제대로 돌려받지도 못했다. 그래서 우울하고 까닭 모를 분노를 느끼고 있을 것 같다. 하지만 무기력은 자신을 보호하기 위한 생존 본능의 발로다. 그러니 여러분의 무기력에 대해 죄책감을 갖지 않아도 된다.

자기계발서를 읽고 힘을 얻으려 하지도 말고 명사의 강연을 듣고 심기일전하려 하지도 말고 여행을 해서 충전하려 하지도 말고 자신의 무기력을 수용하라고 합니다. 무기력이라는 증상은 착취로부터 자신을 보호하고 싶다는 지극히 정상적인 자기 보전의 행위라고요.

책을 읽고 부끄러웠어요. '아, 그렇구나!' 저는 진로특강을 가서 대학에서 석탄채굴학을 배운 내가 어떻게 책을 읽고 방송사 피디가 되었는지, 어떻게 영어책 한 권 외워서 동시통역사가 되었는지 신나게 이야기를 합니다. 그런 말들이 지금의 중학생들에게는 스트레스가 되었을 겁니다. 저 아저씨도 책 읽고 영어 공부하라고 잔소리를 하는구나 하고요. 아이들의 무기력한 모습이 저에게는 무력시위처럼 느껴졌는데요. 선생님의 말씀을 곱씹어 보니 무기력이야말로 아이들의 살려는 몸짓이라는 걸 깨달았어요.

인간의 모든 증상은 하나의 메시지입니다. 우울은 내가 나 자신의 분노를 제대로 돌보지 못했다는 절규이며, 강박은 소외된 나 자신의 실재를 확인하려는 의례이며, 무기력은 착취당하는 자신을 보호하기 위한 최대한의 몸짓이라고요.

책에는 정신분석가로서 접한 다양한 사례가 나오는데요. 우리에게 가장 힘든 관계 중 하나는 부모 자식 관계지요. 마르크스와 함께 책을 쓴 엥겔스가 마르크스의 고향에 지나다가 그의 집에 들러요. 마르크스의 어머니에게 인사드리고 당신의 아들이 《자본론》을 써서 크게 유명해졌다고 하자 어머니는 "제 자본이나 잘 돌보지."라고 비아냥댔다고 합니다. 세상의 모든 부모는 자식에게 만족하지 못하나 봐요. 훌륭한 부모는 어떤 사람일까요?

신경질(짜증, 화) 내지 않는 부모다. 자녀를 감정의 쓰레기통으로 여기고 온갖 악감정을 쏟아내는 어머니, 자녀를 폭행함으로써 자신의 좌절과 열등감을 푸는 아버지의 이야기는 인류의 고전이다.

소소하지만 선한 결정과 행위의 결과물들이 쌓여 선한 사람을 만들고, 계속된 악한 결정과 행위들이 모여 한 사람의 삶을 악으로 구성하는 경우가 많지요. 부모도 마찬가지 아닐까요? 아이를 위해 하는 말이 어쩌면 아이를 착취하는 말이 아닐까 돌아보게 됩니다. 좋은 부모가 되고 싶었어요.

그러려면 먼저 내가 어떻게 살 것인가를 고민해야 하죠. 나를 어떻게 존중하며 살 것인가? 나를 존중하고 내가 존중받아야 내 주위의 가장 소중한 사람들을 존중할 수 있는 힘이 생기니까요.

무기력이 아이들만의 문제는 아니에요. '무기력'은 무엇을 감당할 기운과 의지가 없는 상태를 말하는데, 우리도 살면서 수시로 마주치지요. 평생 활기가 넘치는 사람들은 없을 거예요. 무기력이 찾아왔을 때 어떻게 다스리고, 잘 지나가느냐에 따라 각자 삶의 무늬가 만들어져요.

정신의학자들은 말해요. 무기력이 심해지면 사람들은 모든 관계, 모든 것들로부터 자신을 고립시키려 든다고요. '아이들의 무기력이 스스로 살려는 몸짓'이라는 이승욱 선생님의 진단처럼, 나의 무기력과 외로움을 덮어두거나 또는 이것을 극복하려는 의지의 문제로만 보지 않는 게 중요해요. 만약 나에게 무기력이 찾아오면 '잠시 멈출 시간이구나.' 생각하며 자신에게 여유를 주세요. 나를 믿는 거죠.

아주 느린
자살에
대하여

　퇴직하고 매일 출근하는 곳이 있어요. '예스24 북클럽'입니다. 전자책을 무제한으로 대여할 수 있는 온라인 북클럽인데요. 아침에 눈을 뜨자마자 그날 신규로 올라온 책을 살핍니다. 신문 서평란에서 인상적으로 본 책《절망의 죽음과 자본주의의 미래》(앤 케이스·앵거스 디턴, 이진원 옮김, 한국경제신문)가 올라왔네요.

　예전에《팩트풀니스》(한스 로슬링·올라 로슬링·안나 로슬링 뢴룬드, 이창신 옮김, 김영사)에서 의외의 데이터를 보았어요. 미국은 우리보다 더 잘사는 나라고 의료 선진국에 1인당 의료비 지출액이 세계 최고 수준인데, 왜 기대 수명은 우리보다 짧을까요? 마약이나 총기 사고로 일찍 생을 마감하는 유·색

인종 젊은이들이 미국의 평균 수명을 떨어뜨리나 싶었는데요. 예상 밖에 중년의 백인 사망률이 높은 겁니다. 경제가 발달하면 사망률이 낮아지고 수명이 늘어나게 마련인데 어찌된 일일까요?

> 무슨 일이 일어나고 있었던 걸까? 놀랍게도, '불의의 중독'이 중요한 원인으로 밝혀졌다. 자살, 약물 과다복용, 알코올성 간 질환, 이 세 가지 원인으로 인한 사망률이 가장 빠르게 올라갔다. 이런 종류의 죽음은 모두 자해에 의한 것이다. 총을 쏘면 순식간에, 약물에 중독되면 총보다 느리고 덜 확실하게, 그리고 술을 마시면 그보다도 더 느리게 숨을 거두게 된다. 우리는 이 세 가지 원인에 의한 죽음을 모두 '절망사'라고 부르기 시작했다.

《팩트풀니스》를 읽다 생긴 의문의 답을 꼬리를 물고 읽은 책에서 찾았어요. 사람이 죽으면 사망진단서를 작성해야 하는데요. 진단서에는 고인의 학력을 묻는 칸이 있다고 해요. 통계를 보면 학사학위가 없는 사람들에게서 거의 모든 절망사가 증가했어요.

《절망의 죽음과 자본주의의 미래》에서는 미국 내 양극화를 나누는 기준으로 4년제 대학 학위 소지 여부를 꼽습니다. 학사학위 유무에 따른 격차가 죽음뿐 아니라 삶의 질 측면에서도 커지고 있어요. 학위가 없는 사람은 고통, 건강 악화, 정신적 스트레스가 심해지고요. 그 격차는 소득, 가족의 안정성, 지역사회 측면에서도 벌어지고 있어요.

1995년에 나온 책 《노동의 종말》(이영호 옮김, 민음사)에서 제러미 리프킨은 다음과 같은 미래상을 제시합니다. 20세기 산업혁명의 결과로 인간의 육체노동은 기계가 대신하고, 21세기 정보혁명의 결과로 인간의 정신노동은 컴퓨터가 대신합니다. 여기에 세계화의 물결이 들이닥쳐요. 미국 공장 노동자가 하던 일을 중국 노동자가 대신하고요. 미국 IT 기술자가 하는 일을 인도에서 원격 근무로 수행해요. 세계화와 정보화의 영향으로 미국 내 전통적인 일자리가 급감합니다. 새로운 기술을 배우고 첨단장비를 다루는 교육에서 소외된 저학력 노동자들은 주류 경제활동에서 배제되고 사회에서 자아실현을 할 기회도 빼앗깁니다. 그 결과가 늘어난 절망사입니다.

2017년 미국에서만 47,000명이 자살로 생을 마감했습니다. 자살은 절망사죠. 자살을 피하려고 선택하는 게 뭘까요? 중독입니다. 고통, 외로움, 불안으로부터 도피하기 위해 약물이나 술에 의존하기 시작하고요. 약물과 술은 일시적으로 신체적·정신적 고통을 경감시키고 행복감을 유발합니다. 노출 시간이 길어질수록 우리 몸은 내성이 생겨 예전과 같은 행복 효과를 끌어내기 위해 더 많은 양을 요구합니다. 그 결과 중독에 이르지요.

인간의 두뇌는 매우 효율적이기 때문에 중독에 더욱 취약합니다. 최소의 비용을 들여 최대의 효과를 얻는 걸 선호하는 뇌는 반복되는 행동을 습관으로 만들어버립니다. 특히 술이나 약물로 손쉽게 스트레스를 해소하면 이를 학습해서 조금만 힘들거나 괴로워도 거기에 의존합니다.

세상이 복잡해지면 개인이 문제를 해결하기는 더 어려워지고 악순환의 속도가 빨라집니다. 이를테면 민영화된 미국의 의료보험 제도 때문에 정작 의료 지원이 절실한 가난한 사람들은 보험 혜택을 받을 수 없어요. 그때 의료계가 앞장서서 오피오이드라는 마약성 진통제의 처방 기준을 낮추면서 값비싼 치료비를 감당하지 못하는 사람들은 치료 대신 진통제에 의존하게 됩니다. 2019년까지 약 10년간 불법으로 유통된 오피오이드를 과다 복용해서 사망한 사람들이 50만 명에 이른다고 합니다.

백인 중년 남성의 사망률이 올라간 지역은 미국 내 러스트 벨트Rust Belt라고 알려진 공업지역입니다. 베이비붐 시대, 고등학교를 졸업한 노동자들이 평생 공장에서 일하며 가족을 꾸려간 곳이죠. 부모 세대를 보며 그들처럼 살아갈 거라

예상했겠지만 세계화와 정보화라는 변화 속에 전통적인 일터가 사라졌어요. 익숙한 세상이 붕괴하자 혼란스러워진 이들은 쾌락에 탐닉하고 이는 곧 중독으로 이어지죠. 그렇게 절망사는 늘어납니다.

노벨경제학상을 받은 경제학자 앵거스 디턴과 보건 경제학의 권위자 앤 케이스는 오늘날 미국을 강타한 절망사라는 비극이 어쩌면 머지않아 다른 나라와 다른 세대의 문제가 될지 모른다고 경고합니다. 한국어판 서문에서 세계에서 가장 높은 한국의 자살률에 대해서도 우려를 표하지요. 저자들은 절망사라는 화두를 던지며 미국의 경제 시스템과 사회 전반을 해부하고 이제는 좀 더 공정한 세계로 나아가야 한다고 제안합니다.

이 책에서는 불평등과 불공정, 능력주의와 교육 양극화, 경기침체와 실업, 독과점과 정경유착, 공동체 붕괴와 가족 해체까지 다양한 문제를 다루는데요. 우리가 처한 문제와 너무 흡사하지 않나요? 코로나가 시작되면서 어느 날 갑자기 사회적, 경제적 변화를 경험해 보았지요. 중년 이후 갑작스럽게 은퇴, 건강 악화, 경제적 어려움, 가족 해체, 사별, 독거 등의 변화를 맞닥뜨리기도 해요. 속한 조직도 없고 가족과 공동체의 안전한 울타리조차 없을 때 개인은 어떤 선택을 해야 하는가. 사람은 쉽게 절망하지 않습니다. 왜냐하면 절망은 기나긴 외로움의 터널 끝자락에 도사리고 있거든요. 이루 말할 수 없는 고독이 몰려들고 눈앞에 놓인 선택지 중 어느 하나 쉬운 게 없습니다. 그럴 때 절대 고르지 말아야 할 것을 분명히 아는 것은 도움이 됩니다.

• 셀프 쓰담쓰담 •

할 수 있을까, 자신 없을 때

무기력하고 힘든 순간은 어떻게 버티시나요?
저는 정말 죽도록 힘들었던 날을 떠올린답니다.

1

'나'와 가장 가까운 곳에 '나'가 있답니다

빛의 화가 모네는 젊어서 파리를 중심으로 활동을 했는데요, 59세
가 되어 노르망디 지방 지베르니에 있는 자기 집 연못의 수련만 그리기 시
작했답니다. 86세에 죽을 때까지 200여 점의 수련 연작을 남겼대요. 누
군가의 전성기는 나이 육십에 시작되기도 하는 겁니다. '이제 육십이 넘어
젊은 날의 열정과 체력은 없으니 그림은 포기해야겠다.' 모네가 그렇게 생
각했다면 우리가 아는 수련 연작은 나오지 않았겠지요. 나이 팔십에 붓을
잡은 모네는 이렇게 생각하지 않았을까요?

"아, 우리 집 연못에 있는 수련이 이렇게 아름다운 줄 진작 알았더라
면! 쓸데없이 여기저기 떠돌아다니며 방황하지 않았을 텐데."

청춘의 시기에는 행복을 찾아 헤매었다면, 장년은 자신이 있는 곳에

서 삶의 즐거움을 찾아야 합니다. 나와 가장 가까운 곳에는 무엇이 있을까요? '나' 자신이 있습니다.

2

성취보다 도전을 생각하세요

인생 이력을 몇 줄로 줄이면 이렇답니다. 이공대 출신이 어학연수 한 번 없이 동시통역사에 도전하고, 영업사원 출신의 동시통역사 이력으로 언론사 시험 준비도 없이 방송사 피디에 도전하고, 예능 피디로 잘나가다가 드라마 피디에 도전했습니다. 제가 자신감이 강해서일까요? 아니에요. 자신감은 내 인생이 바닥이라는 인식에서 시작합니다. 바닥이라면 뭐라도 시도해야 하지요. 자신감은 성취가 아니라 도전에서 나온다고 믿습니다. 성공의 근거가 반드시 있어야 자존감이 높아진다고 생각하는 사람은 위축되기 쉬워요. '내가 뭐라고 감히 이런 일을 할까.'라는 생각이 드니까요. 나는 반대예요. 시도하면서 자존감을 높여왔어요.

의기소침해 있거나 무기력하다면 자존감이 떨어져 있는 상태일 거예요. 그럴 땐 의미를 찾기 어렵습니다. 차라리 재미있는 일을 해보면 어떨까요?

3

버티는 기술, 나만의 방법

출근하기 힘들 때, 여러분은 어떻게 버티시나요? 저는 정말 죽도록 힘들었던 날을 떠올렸답니다. 영업할 때나 드라마 찍을 때나 엄청 힘들었던 날이 있거든요. 그런 날을 떠올리며 '그래, 그래도 이만하면 다행이지 뭐. 며칠만 일하면 또 주말이잖아.' 이렇게 마음을 다잡았습니다.

정신과 의사 이시형 박사님과 심리 상담가인 박상미 박사님 두 분에게도 힘든 시절이 있었는데요. 그때 한 권의 책을 만납니다.《빅터 프랭클의 죽음의 수용소에서》(이시형 옮김, 청아출판사)입니다. 한국전쟁 후, 이시형 박사님은 대학을 다니며 추위와 굶주림을 견뎌야 했는데요. 그때 아우슈비츠 수용소에서 버텨낸 프랭클 박사의 책을 읽고 '아무렴, 그래도 가스실이 있는 아우슈비츠보다는 낫지 뭐.' 하는 생각으로 버틸 수 있었다고 해요.

저도 부끄러운 기억이 있습니다. 대기발령을 받고 사무실에서 개인용품을 빼려고 회사에 가서 서랍장을 정리하는데, 보니 구석에《빅터 프랭클의 죽음의 수용소에서》책이 있었어요. 처음 유배지에 발령받고 힘들던 시절에 이 책을 읽으며 비슷한 생각을 했거든요. '내일 당장 가스실에 끌려갈지 모르는 운명보다는 낫지 않은가. 하루하루 즐겁게 살다 보면 언젠가 이 수모를 갚아줄 날이 오지 않겠는가.' 니체의 말이에요.

왜 살아야 하는지 아는 사람은 그 어떤 상황도 견뎌낼 수 있다.

class 4

은퇴, 외로움을 위한
작은 준비들

그에게는
나를 미워할
자유가 있다

진로특강에서 어느 여고생이 물었어요. "나를 미워하는 사람이 있을 땐 어떻게 할까요?" 누가 나를 미워한다고 생각하면, 그 사람에게 온통 신경이 가서 너무 힘들다고요. 그때 "모든 사람이 나를 좋아하기를 바라지 말라."라고 말해줬어요. 어쩌면 모든 사람이 다 좋아하는 사람은 정작 자신을 죽이고 사는 사람일지도 몰라요. 내 마음대로 하는 것 없이 타인의 눈치만 보며 사는 것일 수도 있지요.

어려서 왕따를 당한 후, 저는 이렇게 마음먹었어요. '어차피 타인의 마음은 내 뜻대로 할 수 없다. 그냥 내 마음대로 즐겁게 살자.' 그런 마음으로 하고 싶은 일은 무엇이나 저지르고 봅니다. 좋아하는 사람이 있으면 만나자고 조르고,

하고 싶은 일이 있으면 앞뒤 재지 않고 덤비지요. 너무 자유분방하게 사는 듯하여 책을 많이 보려고 노력해요. 책을 읽으면서 나 자신의 행동을 경계하는 것이지요. 무엇이 올바른 일이고 무엇이 그른 일인지 책을 통해 배우려고 해요. 배우려는 자세 없이 그냥 마음 내키는 대로 산다는 것은 어쩌면 무척 위험한 일일 수도 있거든요. 나에게나 타인에게나.

인간은 사회적 동물인지라 사회적 평판에 신경을 쓸 수밖에 없어요. 누군가 나를 미워하는 건 자연스러운 일이에요. 저도 살면서 미운 사람이 있고 좋은 사람이 있거든요. 다만 내가 좋아하는 사람이 나를 미워할 때는 좀 힘들지요.

그런데요, 나를 미워할 자유가 그 사람에게 있다는 것도 인정했으면 좋겠어요. 나에게도 사람을 좋아하고 미워할 자유가 있는 것처럼. 내가 미워하는 사람이 나를 미워하는 것은 어쩌면 바람직한 삶이 아닐까 싶습니다. 그건 내가 나쁜 사람이나 나쁜 일에 대해 침묵하거나 방관하지 않았다는 뜻이니까요. 내가 미워하는 사람이 나를 미워했으면 좋겠어요. 그건 내 삶의 증명이거든요. 내가 치열하게 살고 또 싸웠다는 뜻이니까요. 누군가가 나를 미워하면 저는 3가지를 생각해 봅니다.

첫째, 그 사람이 좋은 사람인가, 나쁜 사람인가? 나쁜 사람이 나를 미워하는 건 좋은 일이에요. 내가 잘 살고 있다는 방증이기도 해요. 나쁜 사람의 행동에 내가 걸림돌이 된다는 뜻이니까요.

둘째, 좋은 사람이 나를 미워한다면 이유는 무엇인가? 그 이유를 곰곰이 찾아보고, 정 모르겠다면 가서 솔직하게 물어봅니다. '혹시 내가 뜻하지 않게 실수한 일이 있다면 알려줘. 내 잘못을 고치고 싶어.' 물어봤는데 대답을 회피하거나, 혹은 더 삐딱하게 나오잖아요? 어쩌면 그 사람은 그렇게 좋은 사람이 아닐지도 모르겠네요. 그런 경우라면, 신경 쓰지 않아도 되겠지요. 만약 알려주고 덕분에 내가 행동을 바로잡을 수 있다면 다행이고요.

셋째, 누군가 나도 어떻게 할 수 없는 문제를 가지고 나를 미워한다면 어떻게 할 것인가? 내가 고칠 수 없는 어떤 일이 있거나, 입장을 바꿀 수 없는 일로 나를 미워한다면? 그냥 사는 것 말고는 답이 없지요. 어떡하겠어요, 남을 위해 내가 나를 버릴 수는 없잖아요.

그런데요, 앞에서 말한 3가지는 모두 참 피곤한 일이에요. 누군가 좋은 사람이다, 나쁜 사람이다, 이렇게 딱 구분 짓기 어렵거든요. 이유를 물어보기도, 알려주기도 힘들고요. 대부분의 사람은 잘 바뀌지 않아요. 그래서 물어봐도 가르쳐주지 않는 경우가 많아요.

제일 좋은 해법은, 타인의 감정에 조금은 무심해지는 것입니다. 다만 타인의 마음을 돌보지 않는 사람은 자칫 괴물이 될 수 있으므로 마음공부를 열심히 합니다. 책을 읽거나 명상을 하고 수련을 통해 나의 삶이 남에게 피해가 가지 않도록 공부를 해야지요.

다른 사람의 마음을 어찌할 수 없다는 걸 알기에, 저는 제 마음을 보살피고 돌봅니다. 마음공부를 위해 책을 읽고 글을 씁니다.

시간의 자유,
약간의 소득

퇴직은 그야말로 갑작스럽게 들이닥쳤어요. 아무런 준비 없는 은퇴였습니다. 12월, 겨울이 깊어갈 때였고요. 그로부터 채 석 달이 되지 않은 2월 어느 날이에요. 시내에 일이 있어 나갔는데 일을 마치고 보니 창밖으로 눈발이 날리고 있었어요. 1월에 눈이 왔을 때 경복궁 처마 위로 소복이 쌓이는 눈이 참 예뻤거든요. 걸어서 창덕궁에 갔습니다. 지난번에도 경복궁에서 창덕궁까지 걸어갔다가 입장하려면 표를 끊어야 한다기에 매표소 입구에서 발길을 돌렸어요. 5,000원이 아까워 그냥 지나쳤으니 나도 참. 그런데 서울에 이렇게 눈이 내리는 날이 1년에 며칠이나 될까요. 돈보다 눈 오는 풍광을 놓치는 게 더 아까워요. 표를 사고 창덕궁에 들어갔어요.

눈 내리는 궁궐의 경관을 즐기며 걷다 보니 또 매표소가 보이네요. 창덕궁 후원을 관람하려면 추가로 표를 사야 한다고요. 평소라면 '표는 하루에 한 장만 끊는다!'며 그냥 발길을 돌렸겠지요. 오늘은 눈이 내려 세상 예쁩니다. 이런 날이 흔하지는 않으니 표를 두 장 더 삽니다. 내친김에 창경궁까지 보려고요. 창덕궁 후원의 경우 시간제로 표를 파는데 12시 59분에 도착했는데 마침 오후 1시에 딱 한 자리가 남았어요. 얼른 삽니다. 놓칠까 봐. 이래서 제가 홈쇼핑을 안 봅니다. "다 팔리고 딱 5개 남았네요."라는 멘트에 나도 모르게 휴대폰을 집어 들거든요. 포모증후군(FOMO Syndrome : Fear Of Missing Out)일까요? 남들 다 하는 데 혼자 뒤처질 순 없다는 공포를 안고 사는 현대인의 불안 심리예요. 좀 뒤처져도 되는데 말이지요.

창덕궁 후원에 들어오니 입이 딱 벌어집니다. 서울 시내, 그것도 종로 한복판에 이런 가경이 있다니! 산책로에 소복이 쌓인 눈을 조심조심 밟으며 후원 이곳저곳을 돌아봅니다. 발걸음을 옮길 때마다 풍경이 달라집니다. 꿈속에 들어와 있는 듯 탄성이 절로 나와요. 궁궐의 정원을 여간 아기자기하게 잘 꾸며놓은 게 아니에요. 가끔 표지판에 멈춰 서서 건물에 대한 설명까지 읽으니 역사 공부와 도보 여행을 함께 즐기는 기분입니다.

　200년 전만 해도 우리나라는 신분제 사회였어요. 유교 사회의 이상향을 구현한 궁궐의 정원은 왕이나 양반들만 봤을 거예요. 양반 중에서도 과거에 급제한 선비들에게만 허락되었겠지요. 높은 벼슬을 하는 정승도 여기서 여유롭게 조망을 즐길 수는 없을 거예요. 왕의 눈치를 살펴야 했으니까요. 이제 세상은 바뀌었습니다. 신분제가 가고 자본주의가 왔어요. 단돈 5,000원을 내면 누구나 마음 편히 멋진 풍광을 즐길 수 있습니다. 예전에는 소수의 사람만이 즐기던 걸 다수가 공평하게 즐기는 것도 세상이 나아졌다는 의미가 아닐까요?

　내가 보고 있는 이 풍광은 어쩌면 200년 전 어느 시골 선비가 간절히 보고 싶었던 그런 광경이 아닐까 생각해 봅니다. 울긋불긋 단청과 기와에 쌓인 하얀 눈의 조화를 관망하고 있자니 화려했던 과거를 뒤로하고 하얗게 머리가 세어가는 궁궐의 모습이 문득 나 자신 같아 애틋한 마음이 들었어요. 쓸쓸하기도 해요. 대청에 앉아 주어진 시간을 꽉 채워 풍경을 바라보았습니다.

　문득 아무래도 은퇴했지만 돈은 계속 벌어야겠다는 생각이 들었어요. 오늘만 해도 5,000원이 아까워 발걸음을 돌렸다면 이 좋은 풍광을 놓쳤겠지요. 값비싼 명품을 소유할 생각은 털끝만큼도 없지만 보고 듣고 즐기는 경험을 위해서는 아낌없이 지갑을 열고 싶습니다. 눈이 내리면 5,000원을 내고 창덕궁 후원에도 오는 삶. 그런 노후를 꿈꿔왔던 거 같아요.

눈이 내린다고 냉큼 궁궐 나들이를 할 수 있는 것. 은퇴했으니 가능한 일이지요. 정규직보다 시간의 자유를 누리면서 약간의 소득을 올리며 재정 자립을 지키는 방법을 계속 찾을 생각입니다.

돈은
못 벌어도
시간은 벌 수 있다

　유튜브에 올라온 제 강의 영상을 보면 가끔 절망에 빠집니다. 셀카를 찍을 때는 몰랐어요. 다른 사람이 찍어준 영상을 보면 원형탈모증이 심해 훤하게 비어있는 뒤통수가 보이고요. 올챙이처럼 볼록 튀어나온 아랫배가 눈길을 끕니다. 2020년 봄에 코로나가 터지고 매일 운동 다니던 주민센터 체육 시설이 문 닫고 집에서 재택근무하며 짬짬이 군것질을 했더니 몸무게가 73킬로그램이 나와서 충격을 받았어요. 앞에 7자를 단 게 인생 처음이었거든요. 나이 앞에는 언젠가 7자도 달고 8자도 달고 싶어요. 하지만 체중에 붙는 앞자리 숫자 7은 절대 달갑지 않아요. 이미 빠진 머리나 세어버린 머리카락은 어쩔 수 없다 해도 뱃살은 좀 빼고 싶어요.

내가 어쩔 수 없는 건 포기하지만 노력으로 바꿀 수 있는 건 시도해 봐야겠죠? 살을 빼기로 단단히 마음먹고 3주 만에 8킬로그램을 감량했어요. 그 시작은 다이어트와 무관해 보이는 한 권의 책을 읽게 되면서부터인데요.

인생에서 가장 중요한 자산이 두 가지 있어요. 하나는 돈이고, 다른 하나는 시간입니다. 돈을 버는 건 노력한다고 되는 게 아니지만 시간을 버는 건 가능해요. 사람들은 돈을 벌 생각만 하고 시간을 벌 노력은 잘 하지 않지요. 시간을 버는 가장 확실한 방법은 오래 사는 겁니다. 오래 살고 싶은 욕심에 나이 마흔에 술을 끊었고 나이 오십이 넘어서는 매일 자전거로 출퇴근을 했어요. 다시 뱃살 관리가 필요해진 무렵 제 시선을 사로잡은 책이 《노화의 종말》(데이비드 A. 싱클레어·매슈 D. 러플랜트, 이한음 옮김, 부키)입니다.

저자 데이비드 싱클레어는 하버드 의대 유전학 교수이자 노화와 장수 분야 세계 최고 권위자예요. 나이 들면 노화를 겪는 게 당연하다고 생각하잖아요? 그런데 그는 노화가 자연스러운 현상이 아니라 치료 가능한 질병이라고 주장합니다.

노화는 늦추고 멈추고 심지어 되돌리기까지 할 수 있다.

늙지 않는 방법을 연구한다니 약장수나 사기꾼이 아닌가 의심스러웠죠. 책을 읽고 나니 앞으로 인류의 평균 수명이 33세 정도 더 늘어날 것이라는 저자의 말에 어느 정도 신빙성이 느껴집니다. 우리나라를 포함한 선진국의 평균 수명이 80세에서 113세로 늘어나는 거예요. 그 30년을 병상에 누워 고통스럽게 지내는 게 아니라 건강하게 오래 살 수 있다는 겁니다. 그의 말대로라면 환상적인 노후가 우리를 기다리고 있어요. 624쪽에 이르는 책에서 제가 가장 열심히 읽은 대목은 2부 4장 '건강하게 장수하는 법'입니다. 책에 나오는 6가지 지침이 있어요.

첫째, 적게 먹어라.

25년 동안 노화를 연구하고 수백 편의 논문을 읽은 내가 할 수 있는 조언이 하나 있다면, 즉 건강하게 더 오래 살 확실한 방법, 지금 당장 수명을 최대화하는 데 쓸 수 있는 방법을 하나 꼽으라면 바로 이것이다. '적게 먹어라.'

이것저것 많이 챙겨 먹는 데는 돈이 들지만 적게 먹는 데는 돈이 덜 들잖아요? 오래 살고 돈도 아끼고 저한테는 더할 나위 없이 근사한 장수 비결이네요.

둘째, 간헐적 또는 주기적으로 단식하라.

16:8 간헐적 단식은 8시간 사이에 두 끼를 먹고 하루 16시간을 공복으로 유지하는 겁니다. 예전에 주말연속극 〈글로리아〉를 연출할 때 배우 오현경 씨와 일했어요. 어느 날 연기에 대해 상의할 게 있어 저녁을 같이하기로 했어요. 함께 식당에 갔는데 저만 혼자 식사를 했어요. 저녁 6시 이후에는 아무것도 먹지 않는대요. 점심을 먹고 다음 날 아침까지 공복을 유지하는 거지요. 그게 벌써 13년 전 일인데요. 여배우가 나이가 들어도 몸매와 미모를 유지하는 비결이라고 생각했던 게 바로 장수의 비결이었어요.

셋째, 육식을 줄여라.

건강하게 오래 살고 싶다면 사자의 저녁보다 토끼의 점심에 가깝게 식단을 짤 필요가 있어요. 동물성 단백질을 식물성 단백질로 대체할수록 온갖 질병에 따른 사망률이 상당히 줄어든다고 해요. 큰딸이 채식을 실천하고 있는데요. 책을 읽고 나니 고기를 완전히 끊지는 않더라도 육류의 섭취를 줄여야겠다는 생각이 듭니다.

넷째, 땀을 흘려라.

연구에 따르면 일주일에 6~8킬로미터를 뛰는 사람은 심장마비로 사망할 확률이 40퍼센트 줄고 갖가지 원인에 따른 사망률도 45퍼센트가량 줄어든다고 합니다. 저자는 가벼운 운동도 좋지만, 힘들다는 느낌이 들 때까지 격렬하게 운동하는 게 효과적이라고 조언합니다. 빠르고 깊이 호흡을 하면서 최대 심장박동수의 70~85퍼센트로 뛰는 것이 장수의 비결이라고요. 땀이 나고, 숨을 고르지 않고서는 몇 마디 이상 말할 수 없을 정도로 말입니다.

예전에 저는 단축 마라톤을 했는데요. 나이 오십이 넘어가니 힘에 부쳐 그냥 걷기만 했어요. 책을 읽고 나니 다시 땀을 흘려야겠더라고요. 그래서 요즘 줌바를 합니다. 1시간 뛰면서 춤을 추고 나면 땀이 쫙 빠지는 유산소 운동이에요. 신나는 음악에 맞춰 춤도 추고 땀도 흘리니 진짜 젊어지는 기분이에요.

다섯째, 몸을 차갑게 하라.

저자는 좀 춥게 지내는 것이 갈색지방에 든 미토콘드리아를 활성화해 수명 연장에 도움이 된다고 합니다. 겨울에 티셔츠 차림으로 활기차게 걷는다든지 잘 때 얇은 이불만 덮고 자는 것도 좋다고요.

여섯째, 후성유전적 경관을 흔들지 마라.

후성유전적 경관이라는 말이 어려운데요. 쉽게 말하면 DNA를 손상시키는 유해물질을 피하라는 조언입니다. 담배, 화학물질, 질산염 처리 식품, 방사선 등을 피하라고 하네요.

6가지 장수 비결, 적게 먹고 단식하고 육식을 줄이고 땀을 흘리고 몸을 차갑게 하고 유해물질을 피하라. 이것 중 딱 한 가지만 집중적으로 실천해 보고 싶어졌어요. 간헐적 단식입니다. 그동안 소식도 해보고 채식도 해보고 등산도 가고 하루 3시간 자전거 출퇴근도 해봤지만 뱃살은 줄지 않았어요. 늘 하는 걸 반복하면서 다른 결과를 바랄 수는 없죠. 이제껏 한 번도 안 해본 방법을 시도해야 바뀌지 않을까요?

2020년 가을, 추석 연휴에 이틀 휴가를 내고 9일간 연휴를 보내며 일체 저녁 약속이나 가족 모임도 잡지 않았어요. 오전 6시에 아침을 먹고 낮 12시에 점심을 먹고 오후 2시 이후로는 물만 마셨습니다.

저녁 6시 이후로 배가 고프기 시작하더라고요. 허기가 몰려오면 간헐적 단식에 관한 책을 찾아 읽었어요. 헬스 트레이너 아놀드 홍이 쓴 책, 몸짱으로 유명한 비만 전문의가 쓴 책, 둘이 합해 200킬로그램이 넘어 과체중으로 고생한 미국인 부부가 쓴 책, 간헐적 단식의 효능에 대해 침이 마르도록 칭송하는 책들을 꼬리에 꼬리를 물고 읽었습니다. 그 덕에 흔들리는 마음을 다잡을 수 있었어요. 그렇게 열흘간 간헐적 단식을 했더니 몸무게가 63킬로그램까지 빠지더군요. 30대 이후로 이 몸무게는 처음입니다.

책을 읽다 보면 뜻밖의 수확을 얻기도 합니다. 스마트폰에서 스쳐 지나가며 읽은 짧은 기사나 영상으로는 나 자신을 강하게 설득하기 힘들어요. 하지만 전문가가 쓴 책을 읽으면 정확한 정보를 얻고 강한 동기부여를 받습니다. 노화의 종말까지 기대하지는 않지만, 노화를 최대한 지연시켜 건강한 노후를 오래오래 즐기고 싶어요.

2020년 가을 퇴사를 고민하던 시점에 《노화의 종말》을 읽고 감량에 성공하자, 인생 2막 도전에 자신감이 생기더군요. 하루 16시간 동안 물만 마시며 공복을 유지할 수 있었던 경험은 자기 관리에 확신을 심어줬어요. 투자 계획이나 인생 계획이나 실패의 가장 큰 원인은 자기 관리를 못 하기 때문입니다. 조직의 틀을 벗어나 인생을 꾸려나가는 데에 꼭 필요한 기본자세는 갖추었다는 생각이 들자 용기가 났어요. 사표를 던지고 나니 어디로 가야 할지도 정하지 못한 채 하나부터 열까지 오롯이 내가 선택하고 감당해야 한다는 게 실감 나데요. 이제 명실공히 저도 은퇴자의 대열에 들어선 거죠.

버킷리스트는
당장 할 수 있는
일부터 쓴다

　죽기 전에 꼭 해야 할 일, 하고 싶은 일을 '버킷리스트 bucket list'라고 합니다. 죽음을 뜻하는 'kick the bucket(양동이를 발로 차다)'에서 유래한 말이에요. 서양의 중세시대 사람들은 스스로 목숨을 끊을 때 밧줄을 목에 걸고 발 받침으로 썼던 양동이를 차버렸다고 해요. 2007년에 개봉된 할리우드 영화 〈버킷리스트〉가 흥행에 성공하면서 고유명사가 되었지요. 가난하지만 성실하게 살아온 카터와 백만장자 에드워드는 병원 중환자실에서 만납니다. 살아온 길이 다르고 성격도 달랐지만, 삶이 얼마 남지 않았다는 공통점이 이들을 의기투합하게 만들어요. 둘은 남은 시간 동안 '하고 싶은 일'을 목록으로 적고 병원을 뛰쳐나가 여행에 나섭니다. 버킷리스트의 시작은 바로 '나를 위한 여행', 그 자체입니다.

매일 아침 블로그에 글을 쓸 때, 메모해 둔 좋은 구절을 뒤적여 보고 가보고 좋았던 여행지의 사진과 메모를 보며 글감을 골라요. 내가 해보고 좋은 건 다른 사람과 나누고 싶어서 시작한 블로그예요. 10년째 써온 블로그의 글을 보니 그 안에서 내가 보이더군요. 아, 나는 책을 읽고 여행을 다니며 글을 쓰는 사람이구나. 글을 쓰면 내면의 자기 발견으로 이어집니다. 어디로 가야 할지 모를 때는 하고 싶은 일 100가지 버킷리스트를 쓰며 인생의 경로를 찾아보기를 권하는 책이 있어요. 《결국엔, 자기 발견》(최호진, 좋은습관연구소)입니다.

저자는 임원을 꿈꾸며 회사를 다니던 금융맨이었어요. 회사에서 잘나간다고 인정을 받다 갑자기 번 아웃이 찾아와 고생을 합니다. 휴직을 선택하고 아이들과 캐나다로 떠나요. 그때 쓴 또 다른 책이 《퇴사 말고 휴직》(와이에치미디어)이에요. 1년이라는 휴직 기간에 무엇을 할까 고민하던 저자는 버킷리스트 100개를 씁니다. 앞으로 살날이 1년밖에 남지 않았다고 가정하고 1년 동안 하고 싶은 일 100가지를 써본 거죠.

버킷리스트를 쓰는 요령이 있어요. 1년 안에 하고 싶은 일 100가지를 쓰는 건데요. 처음부터 100개를 쓰기가 힘드니 일단 10가지부터 써봅니다. 처음에 3년 후에 이뤄보고 싶은 10가지를 떠올려보고 그것을 이루기 위해 앞으로 1년 동안 무엇을 하면 되는지 나열해 봅니다. 금세 하나가 셋이 되고 다섯이 되어 100개를 채울 수 있어요. 물론 버킷리스트 100가지를 쓴다고 반드시 1년 안에 다 해낼 수는 없지요. 중요한 건 그 목표를 구체화해서 달성하는 개수를 늘려가는 거예요.

내가 원하는 하나의 목표를 위해 해야 할 일을 세분화하는 방법이다. 워크숍 참석자 가운데 한 분이 '유튜브 구독자 1,000명 만들기'를 버킷으로 작성한 적이 있다. 분명 좋은 버킷이었지만 당시 유튜브 계정도 없던 상황이라 가야 할 길이 험난해 보였다. 물론 실현 가능성이라는 틀에 갇힐 필요는 없지만 이를 잘게 나눠서 실행해 본다면 훨씬 현실감이 높아질 것 같았다. 나는 그분께 1,000명의 구독자를 만들기 위해 어떤 단계를 거치면 좋을지 생각해 보라고 말씀드렸다. 예를 들어, 유튜브 계정을 만들어서 프로필을 꾸민다, 콘텐츠 주제를 정한다, 콘텐츠를 꾸준히 업데이트한다, 영상 편집 기술도 익힌다. 이런 식으로 하고 싶은 큰 목표를 먼저 생각하고 그것을 잘게 쪼개고 나면 내가 무엇을 어떻게 해야 하는지가 구체적으로 확인된다.

거창한 목표 하나를 이루는 건 어렵지만 단계별로 쪼개 작은 미션을 성취하는 것은 한결 수월합니다. 저도 늘 하는 생각이에요. 영어책 한 권 외우기는 어렵지만 하루 10문장만 외우는 건 도전할 만해요. 문장 외우기도 어렵다면 딱 10분 동안 10문장을 반복해서 소리 내어 읽어보는 겁니다. 버킷리스트를 쓴다면 '영어책 한 권 외우기'가 아니라 '하루 10분 영어책 소리 내어 읽기', '매일 영어 단어 암송 쪽지 만들기', '하루 10문장 외우기'가 되는 거죠.

100가지 버킷리스트를 쓴다면 그중에서 꼭 하고 싶은 것 세 가지, 중요하고 의미 있는 것 세 가지, 당장 실행에 옮길 수 있는 것 세 가지 버킷을 뽑습니다. 이 3-3-3 버킷은 반드시 기억해 두고 꼭 실천해야 해요.

첫 번째로 쓰는 버킷은 1년 동안 '반드시' '꼭' 이루고 싶은 세 가지를 꼽아보는 겁니다. 이 세 가지는 앞으로 1년간 가장 중요하고 핵심이 되는 거라 어떻게든 달성해야 하는 것이니 반드시 꼭 '하고 싶은 것'을 골라야 합니다. 그래서 나의 꿈과 연결되는 항목일 가능성이 높지요.

두 번째로 정리할 세 가지는 '가장 먼저 쓴' 버킷, 즉 가장 먼저 머릿속에 떠오른 항목들입니다. 100개의 버킷 중 맨 처음 쓴 것들을 따로 정리하는 것도 좋고요. 평소 자주 생각해 왔던 희망 사항이 있다면 제일 먼저 떠올랐을 거예요. 그

것부터 실천하라는 겁니다.

마지막 세 번째로 당장 실천할 수 있는 '사소한' 것 세 가지를 정리합니다. 돈이나 시간에 구애받지 않고 당장 행동에 옮길 수 있는 버킷을 모아봅니다. 이것들은 바로 실천하는 편이 좋습니다. 시도해 보고 성취감을 맛본다면 다른 버킷들을 행동으로 옮기는 데 시발점이 되고 트리거가 되니까요.

저도 버킷리스트를 써봤어요. 먼저 3년 후 제가 꼭 이루고 싶은 10가지 중에 제일 먼저 떠오른 게 세계 일주였어요. 세계 일주라는 버킷을 이루려면 우선순위를 매겨야 하는데요. 3가지 기준을 세워보았어요.

첫째, 먼 곳부터 간다.
둘째, 힘든 것부터 한다.
셋째, 돈이 많이 드는 것부터 한다.

장거리 비행은 체력 소모가 심합니다. 조금이라도 젊을 때 유럽이나 남미 등 먼 곳부터 여행하고요. 안나푸르나 트레킹이나 발리 서핑 강습 등 더 나이 들기 전에 체력적으로 힘든 것부터 도전해 봅니다. 그리고 경비 부담이 큰 여행부터 합니다. 병에 조약돌을 집어넣는 방법과 비슷해요. 작은 돌을 먼저 넣으면 나중에 큰 돌이 들어갈 자리가 없습니다.

큰 돌부터 넣고 빈 공간을 작은 조약돌로 채우는 거죠. 돈을 벌거나 여윳돈이 있을 때 경비 부담이 큰 여행을 하고 나중에 연금 생활을 할 때는 저예산 여행을 다니는 겁니다.

사실 세계 일주는 30년째 실행하고 있는 인생 프로젝트예요. 세계 일주라고 해서 꼭 한 번씩만 가야 하는 것은 아니잖아요. 이미 다녀온 곳과 아직 가보지 못한 곳을 연결해 최적의 경로를 설계하고 있어요. 마치 세계 일주처럼 노후에 어떤 삶을 살 것인가를 계획하려면 먼저 경로를 탐색해야겠죠. 버킷리스트가 바로 내 인생의 내비게이션입니다.

인생 가계부,
씀씀이를
들여다보라

한국인의 평균 수명은 1960년 52.4세에서 2021년 83.5세로 60년 사이에 수명이 30년가량 늘어난 거예요. 같은 기간 OECD 국가 중 기대 수명이 가장 많이 늘어난 나라죠. 나고 자라는 데 30년, 아이를 낳고 기르는 데 30년 도합 60년이면 삶의 과업을 완수한 줄 알았는데 30년이라는 시간이 보너스로 주어진 거예요.

선조들 중 그 누구도 겪어보지 못한 100세 시대, 우리는 맨 앞에 서서 아무도 가보지 않은 길을 가보아야 합니다. 그런 사람을 선구자라고 하죠. 선구자는 모범답안이 없기 때문에 스스로 해법을 찾는 사람입니다. 100세 시대에 노후를 슬기롭게 준비하는 법을 알려주는 책이 있어요. 우리보다 먼저 고령화 사회로 진입한 일본에서 도쿄 특파원으로 일했던 박중언 기자님이 쓴《노후 수업》(휴)입니다.

1999년 일본은 국민소득 기준으로 우리보다 3배 가까이 잘사는 나라였죠. 그런데 이상해요. 부자 나라의 노인들이 어째서인지 꿀꿀하고 불행해 보이는 거예요. 마흔이 채 되기도 전이었는데 덜컥 겁이 났대요. 당시 복지 시스템을 비교하면 일본보다 훨씬 뒤처진 한국에서 나이가 들면 어떻게 될까? 기자님은 그 고민의 해법을 찾기 위해 20년 가까이 노년학을 공부합니다. 경제 월간지 부편집장으로 '노후경제학'을 연재하고 노후 관련 블로그 '에이지프리'도 운영했어요. 그때 쓴 글을 묶어낸 책이 바로《노후 수업》이고요.

> 사실 모범답안은 이미 나와있다. 오랫동안 건강하게 살기 위해선 잘 먹고 꾸준히 움직이면 된다. 열심히 일하다 보면 돈 걱정은 줄어든다. 높은 수익률에 혹하지 않고 불필요한 씀씀이를 줄이는 게 안정된 노후의 지름길이다.

여는 글에 나오는 이 말씀은 마치 수능 전국 수석의 인터뷰 같아요. 수업 시간에 열심히 듣고 교과서 위주로 공부했다는 말에는 엄청난 인내심과 집중력이 있어야 한다는 게 숨어있죠. 정답을 알려줘도 그 과정이 힘들어 쉬운 지름길을 찾지요. 노후에 수익률 대박 나는 상품에 혹하는 것처럼요.

> 행복의 기본방정식은 '가진 것과 갖고 싶은 것' 혹은 '할 수
> 있는 것과 하고 싶은 것'의 비율로 구성된다. 가진 것이나 할
> 수 있는 것이 크고, 갖거나 하고 싶은 게 작을수록 행복해진
> 다. 이제 전자는 바꾸기 힘들다. 후자를 줄이는 것이 행복의
> 지름길이다. 그런데 위만 바라보면 욕망이 풍선처럼 부풀어
> 올라 노후의 불안과 불행에 기름을 붓게 된다.

제가 2020년 말에 MBC에서 명예퇴직을 신청하고 가장
먼저 한 일은 광화문 교보문고에 가서 가계부를 산 겁니다.
퇴직을 하면 수십 년 동안 꾸준히 받던 월급이 사라져요. 고
정 수입이 사라질 때 제가 할 수 있는 일은 지출을 관리하는
겁니다. 은퇴하고 저는 매일 가계부를 쓰고요, 주간 결산, 월
말 결산을 합니다. 결산을 하고 적자가 나면 지출을 줄여요.
수입보다 지출이 많으면 빚이 늘어요. 행복한 노후를 위해
빚은 줄이고 돈은 남겨야 합니다. 수입의 한도 내에서 지출
하며 사는 게 노후의 행복이라 생각합니다.

퇴직한 후에는 돈을 버는 게 쉽지 않습니다. 50, 60대 장
년층의 경우 고용 형태는 절대다수가 파견, 계약직, 시급제
예요. 직장에서 받던 월급과는 비교가 되지 않을 정도로 적

은 돈, 대개 최저 임금에 준하는 급여를 받지요. 노후에 주 40시간 근무로 최저 임금을 번다고 가정해 보면 연간 수입은 2,000만 원 남짓입니다. 저는 본업에서 물러나 제2의 인생에 도전하면서 1년이라는 시간의 시장가격을 그 정도로 계산했어요. 만약 2억 원 남짓한 기존 자산과 연금으로 월 200만 원 수준에 맞춰 노후를 꾸려나간다면 10년의 자유가 보장되는 셈입니다.

우리는 30년이라는 긴 노후의 시간을 선물로 받은 축복받은 세대입니다. 지난 30년간 직장에서 돈을 벌고 또 모으기 위해 최선을 다했어요. 이제는 돈을 모으는 데 연연하지는 않고 매일 가계부를 쓰며 '적자만 모면하자'는 목표를 지켜갑니다. 언젠가는 수입이 줄어 적자가 날 때도 오겠지만 30년이라는 긴 노후의 시간을 선물로 만들고 싶어요. 그래서 돈보다 시간에 우선순위를 두려고 합니다.

자산이나 예금 잔고가 줄어드는 불안을 피하고 싶은 것은 인지상정입니다. 웬만하면 집이나 자산을 잘 보존해서 자녀에게 물려주고 싶은 것도 부모 욕심이고요. 있는 자산을 지키겠다는 욕심에 일이나 투자에 쌍심지를 켜고 달려들면 체력이 예전 같지 않아서 그런지 정신적인 피로가 곱절로 쌓이더군요. 그런 부담감에서 벗어나려면 자녀에게 유산을 물려주겠다는 욕심을 내려놓는 게 최우선이지요. 2억의 예금을 유지하면 연간 이자가 700만 원 정도인데요. 그걸 10년 동안 나눠 쓰면 해마다 2,000만 원씩 쓸 수 있는 거금이에요. 나이 들수록 돈을 더 벌기 위해 욕심을 부리기보다 씀씀이를 줄여 행복한 노후를 보내려 합니다.

죽을 때까지
재미있게
살고 싶다면

누가 제게 책을 왜 읽냐고 물으면 속으로 '욕심쟁이라서요.' 하고 대답합니다. 사람들이 재미있다고 하는 건 다 해보고 싶어요. 세상의 재미난 것들을 전부 경험하고 싶지만 시간에 한계가 있죠. 그 욕심을 채우려고 저는 책을 읽었어요. 이미 그것들을 온전히 경험한 사람들의 시간을 쪽쪽 짜서 엑기스만 모아놓은 게 책이거든요. 요즘 제가 빠져 읽은 책은 쉬는 기술을 알려주는 《잘 쉬는 기술》(클라우디아 해먼드, 오수원 옮김, 웅진지식하우스)입니다. '어떻게 쉬어야 할지 모르는 사람들을 위한 최고의 휴식법 10가지'라는 부제가 달린 책이에요.

책을 보면 사람들이 휴식이라고 여기는 상위 10개 활동이 나오는데 놀라운 점이 있어요. 친구나 가족과 함께 시간을 보내는 일은 12위였어요. 다른 사람을 만나 시간을 보내는 행위는 상위 10위 안에 못 들더라고요. 저자가 조사한 조건은 사람들이 행복을 느끼는 활동이 아니라 '가장 휴식이 된다고 느끼는 활동'입니다. 쉰다는 느낌을 주는 상위 5위까지의 활동이 모조리 '혼자서 하는 활동'입니다. 18,000명에게 설문 조사를 하고 찾아낸 잘 쉬는 기술 다섯 가지를 살펴보면 5위 아무것도 안 하기, 4위 음악 감상, 3위 고독을 즐기기, 2위 자연 속에서 휴식하기였어요. 즉 사람은 휴식을 취할 때 타인들에게서 벗어나고 싶어 하는 경향이 있는 거죠. 잘 쉬려면 혼자 있는 시간을 즐길 줄 알아야 합니다. 그렇다면 사람들이 최고의 휴식법으로 꼽은 1위는 무엇일까요?

휴식 테스트에서 1위를 차지한 활동, 즉 가장 인기 있는 휴식의 기술이 책 읽기로 밝혀졌음을 먼저 밝히게 되어 기쁘다. '집단 지성'에 관한 말을 들어본 적이 있을 것이다. 1만8천 명이나 되는 사람들이 틀렸을 리는 없지 않겠는가. 책이 주는 휴식을 만끽하시라. 독서보다 편안한 휴식은 없는듯하다. 더구나 휴식에 관한 책을 읽는 것보다 휴식이 되는 일이 어디 있겠는가?

드라마 피디 시절, 밤을 새워 일하다가 잠깐씩 쉴 때면 편집실 구석에 앉아 책을 읽었어요. 촬영을 마치고 동료들이 삼삼오오 모여 담배를 피우거나 술을 마시러 갈 때도 나는 혼자 남아 책을 읽었습니다. 책을 읽어야 머리가 맑아지고 제대로 쉰 기분이었어요. 알고 보니 독서가 최고의 휴식이었군요. 그동안 내가 무엇인가를 채우기 위해 책에 매달린 게 아니라 혼자서 잘 쉬고 싶어서였다는 것을 새삼 깨닫습니다. 요즘 저는 혼자 있는 시간을 잘 보내려고 의식적으로 노력합니다.

힘들 때는 꼭 책을 읽어야 하나요? 아니요. 그렇지는 않아요. 어떻게 쉬어야 할지 잘 모르는 사람들은 혼자일 때도 상처받기 쉽다고 해요. 저한테 독서는 언제나 나를 응원하고 쉴 수 있게 해주는 방법이었어요. 각자에게 위안이나 즐거움을 주는 활동의 기준은 다양합니다. 게임이나 음악 감상, 영화 보기 등 자신의 취향에 따라 선택하면 됩니다. 게임을 해도 좋고요. 책을 읽어도 좋아요. 휴식이 필요하다는 것을 자각하고 무엇인가를 얻기 위해서가 아니라 혼자 있는 시간을 잘 보내는 게 중요하다는 것을 잊지 말아요.

외로울 때
찾아가는
친구를 소개합니다

　제가 책을 많이 읽는 건 친구가 없기 때문입니다. 대학 때 전공이 적성에 맞지 않아 학과 활동에 겉돌았어요. 과 친구가 없어도 외롭지 않았어요. 1980년대 말 조정래 작가가 쓴 《태백산맥》이나 김용의 무협 소설 《사조영웅전》을 읽느라 심심할 틈이 없었거든요. 수 권의 대하소설 속에서 염상진, 김범우, 곽정, 황용 같은 멋진 친구들을 많이 만나 마음으로 사귀었어요.

　복학하고 영어 공부를 겸해 스티븐 킹의 소설을 읽다 저자에게 홀딱 반했어요. 1990년대 초 스티븐 킹의 작품은 번역된 게 별로 없어서 용산 미군 부대 앞에 있는 헌책방을 찾아다녔어요. 중고 영문 페이퍼백 소설을 한 권에 2,000원에 사서 읽기 시작했어요. 한 권 두 권 읽다 스티븐 킹에 중독되어 전작 읽기에 도전했고요.

아마 영문법 책이나 〈타임〉 같은 잡지를 보며 독해를 공부했다면 영어 공부에 재미를 들이기 힘들었을지도 몰라요. 하지만 저는 스티븐 킹이라는 재미난 작가를 만난 덕에 영문 소설을 읽는 데 맛을 들였고요. 덕분에 영어 실력이 쑥쑥 늘었지요. 스티븐 킹은 다작으로도 유명한데요. 그의 책을 몽땅 읽느라 독해 실력이 엄청 늘었어요. 스티븐 킹이라는 부지런한 작가 친구가 생기자 내 삶이 더욱 재미있고 윤택해진 거죠.

스티븐 킹 못지않게 부지런한 작가로는 아이작 아시모프가 있어요. 평생 500권 이상의 책을 낸 걸로 유명한 분입니다. 그분의 책을 읽다 '이 재미난 작가의 책이 한국에는 왜 없을까?' 싶어 출판사에 찾아가 직접 아시모프의 책을 번역하고 책을 내기도 했어요.

도서관에서 만난 책들은 제게 정신적 아버지이자 길을 보여주는 스승이자 즐거움을 주는 친구였어요. 요즘 '내 인생 최고의 선물, 도서관'이라는 주제로 도서관 저자 특강에서 이 좋은 책을 어떻게 읽어야 하는지 강의하는데요. 다독의 비결, 세 가지를 소개합니다.

첫 번째, 읽을 책은 직접 골라야 합니다.

저는 '필독 도서'라는 말을 좋아하지 않습니다. 책을 읽는 가장 큰 즐거움은 자신이 읽고 싶은 책을 스스로 선택하는 데서 옵니다. 도서관이나 서점에 가면 서가에 꽂힌 책들을 손으로 주욱 훑으며 제목을 읽습니다. 그러다 보면 제게 말을 걸어오는 제목이 있어요.

"영어책 한 권 외워봤니?"

'한 권 읽어보지도 못했다, 어쩔래?'

"매일 아침 써봤니?"

'매일 아침 눈뜨기도 버겁다, 왜?'

그런 책은 꺼내어 표지를 살펴봅니다. 표지 디자인이 쌈박하니 눈길을 끌어야 합니다. 매년 3만 종 이상의 신간이 나오지만 잘 팔리는 책은 몇 안 돼요. 출판사는 좀 더 팔릴 것 같은 책에 투자를 합니다. 그중 하나가 표지 디자인에 공을 들이는 일이에요. 독자의 선택을 간절히 기다리는 책은 일단 표지에 눈길이 가게 마련이죠. 표지에서 어떤 매력을 느끼지 못했다면 다시 서가에 꽂아도 좋습니다.

내 눈을 사로잡는 표지다 싶으면 책날개의 저자 소개를 읽습니다. 이 책을 읽으면 나도 이 저자처럼 살 수 있을까? 저자의 삶이 부러우면 무조건 통과입니다. 이런 저자가 쓴 책이면 읽어보고 싶다는 마음이 들면 저자 소개에 이어 서문과 목차까지 살펴보고 판단해요. 이렇게 책을 직접 고르는 과정이 있어야 독서가 즐겁습니다.

두 번째, 책은 쌓아놓고 읽어야 합니다.

저는 최소 다섯 권의 책을 쌓아놓고 읽습니다. 첫 번째 책이 재미가 없으면 덮고 바로 다음 책으로 넘어갑니다. 그다음 책도 재미가 없으면 다시 세 번째 책으로 가고요. 그러다 어떤 책에 꽂히는 순간이 옵니다. 그럴 때 그 책을 끝까지 읽습니다. 다 읽은 다음에는 다시 다음 책으로 넘어가고요. 책을 한 권만 읽는다면 읽다가 재미가 없어지는 순간 독서를 그만두기에 십상입니다. 스마트폰으로 문자를 확인하다 문득 SNS를 들여다보고 신상품 광고에 마음을 뺏겨 쇼핑몰에 접속하죠. 요즘은 스마트폰 속에 재미난 게 너무 많아 일단 보기 시작하면 한두 시간은 손에서 내려놓기가 어려워요. 책 한 권만 읽다가 흥미가 없어지면 모처럼 마음먹은 책 읽기를 포기할 수 있으니 여러 권을 쌓아놓고 끊임없이 읽는 시간을 늘려나가는 거죠.

세 번째, 책을 읽은 후 기록을 남깁니다.

그냥 읽고 지나치면 남는 게 없습니다. 독서일기를 쓰면 책의 중요한 내용이 내 것이 되어 남습니다. 독후감 같은 숙제는 아니고요. 처음에는 날짜와 책 제목, 저자만 기록해도 좋습니다. 여기에 책에 대한 한 줄 평을 추가해 보세요. 표지에 적힌 책 소개 글을 옮겨 적는 것도 방법입니다. 그런 다음 책을 읽다 마음에 든 대목이 있다면 옮겨 적어봅니다. 노트에 적어도 좋고 휴대폰 메모장에 남겨도 좋습니다. 마음에 드는 대목을 쪽 번호가 보이게 사진으로 찍어 저장해도 좋아요. 여기까지는 그냥 책에 있는 내용을 그대로 옮기는 것입니다. 제목, 저자, 소개 글, 마음에 드는 글귀. 이 과정이 익숙해지면 다음 단계로 갑니다. 목표는 자신만의 총평을 쓰고 마음에 드는 글귀를 쓴 다음 그 글이 마음을 움직인 이유를 적는 것입니다.

책 한 권을 읽는 것은 많은 에너지와 시간이 소모되는 일입니다. 누군가는 바빠서 책 한 권 읽을 짬이 없을 수도 있고요. 그런 분을 위해 저는 블로그에 독서일기를 남깁니다. 한 편의 글로 책 한 권의 핵심을 전할 수 있다면! 내 마음을 울린 글귀를 공유하고 그 책의 가치를 소개해 좋은 정보를 전하고 싶어요. 내 글을 보고 그 책이 읽고 싶어지면 더욱 좋고요. 소소한 바람을 안고 쓰기 시작한 독서일기였는데, 무엇보다 저의 독서를 더욱 단단하게 만들어주었습니다.

읽고 싶은 책을 직접 고르고요. 여러 권의 책을 쌓아놓고 동시에 읽고 그렇게 읽은 책은 세상과 나눕니다. 나라가 은퇴자에게 주는 최고의 선물은 도서관입니다. 웬만한 동네마다 근사한 도서관이 하나씩은 있어요. 도서관에 가면 장소에 대한 이용료도 없고요. 자리를 맡기 위해 내 물건을 갖다 둘 필요도 없어요. 서가에 꽂힌 책 한 권을 빼서 놓으면 그곳이 내 자리거든요. 신간에서 구간, 잡지, 신문, VOD 시청까지 책과 영화 감상 모두 이용할 수 있는 데다 혼자 가도 전혀 어색하지 않아요.

즐거움의 가성비가 가장 높은 곳이에요. 분모가 가격이고 분자가 만족도라면 비용이 0일 때 가성비는 무한대에 수렴하는 거죠. 지금도 저는 도서관에서 제2의 인생을 설계하며 공부와 일과 놀이가 순환하는 삶을 꿈꾸고 있답니다.

내 뜻대로
할 수 있는
일

2018년 가을에 다꿈스쿨에서 《매일 아침 써봤니?》(위즈덤하우스) 저자 특강을 했습니다. 다꿈스쿨을 운영하시는 청울림(유대열) 선생님이 당신의 저서 《나는 오늘도 경제적 자유를 꿈꾼다》(알에이치코리아)를 선물로 주셨어요.

선물받은 책을 조금 읽다가 말았어요. 평범한 직장인이 퇴사하고 3년 만에 부동산 경매와 투자로 월세 1,000만 원을 벌게 된 이야기거든요. 당시 저는 반전세로 집을 얻어 살고 있었고 집 장만에는 관심이 없던 터라 타인의 부동산 투자 성공기가 눈에 들어오지 않았어요. 그러다 2020년 퇴사를 결심하고 서재에서 이 책을 다시 꺼내 읽기 시작했는데요. 주말에 책을 잡자마자 단번에 읽어버렸어요. '아, 이렇게 좋은 책을 그동안 미처 몰랐구나!' 이제는 조직에서 벗어나 경제적 자유를 누리려면 어떻게 살아야 할지가 초미의 관심사였거든요.

직장인이 전업투자자가 되는 건 쉬운 일이 아닙니다. 월급이 사라진 상태에서 투자로 돈을 벌려다가 막상 돈을 잃으면 밥을 굶어야 하니까요. 아무런 보호막도 울타리도 없습니다. 저자는 퇴사하고 본격적으로 부동산 투자를 시작하기 전에 10개월간 무려 300권이 넘는 책을 읽습니다. 재테크 분야의 책과 성공한 사업가들의 책을 돌파하며 부동산 투자 지식을 쌓고 성공하는 사람들의 마인드를 장착하지요. 월세를 받아서 경제적 자유를 누리는 삶, 모두가 꿈꾸는 삶이지만 그걸 향해 가는 길이 순탄할 리 없어요. 선생님은 치열하게 노력합니다.

5시 기상, 8시 일과 시작. 일과 시간에는 경매 입찰, 현장 조사 등 숨 가쁜 신규 투자 활동을 했는데 하루 평균 이동 거리만 해도 200킬로미터는 기본이었다. (……) 나는 최초 1년간 집수리는 내 손으로 직접 한다는 원칙을 세웠고, 이 원칙 아래 저녁 8시 이후에는 낙찰받은 아파트에 가서 홀로 수리를 했다. 매일이 그랬다. 침낭에서 잠을 자고 김밥을 먹으며 한 집을 이틀, 사흘씩 수리했다. 자정을 넘기는 건 예사였다.

책을 읽으며 청울림 선생님의 부지런함과 치열함에 혀를 내둘렀어요. 부자는 아무나 되는 게 아니구나 싶었는데요. 선생님은 누구나 부자가 될 수 있다고 말합니다.

평범한 사람이 부자가 되는 길은 정해져 있다. 너무나 간단하다.
첫째, 일을 통해 돈을 번다.
둘째, 그 돈을 잘 모은다.
셋째, 그것을 잘 불린다.
여기에서 가장 중요한 것이 무엇인가? 나는 의심의 여지없이 첫 번째, 일을 통해 돈을 버는 것이라 생각한다. 그다음이 둘째다. 근검절약하고 저축하는 생활습관을 통해 일로 번 돈을 잘 모아야 한다. 이것을 잘하면 셋째 단계는 아예 생략해도 된다. 둘째 단계까지만 잘해도 이 땅에서 작은 부자 정도는 충분히 될 수 있다.

돈을 버는 1단계는 '일'의 영역, 돈을 모으는 2단계는 '저축과 소비'의 영역, 돈을 불리는 3단계는 '투자'의 영역입니다. 일을 해서 더 많은 돈을 벌거나 투자로 돈을 불리는 것도 좋지만 둘 다 마음먹는다고 되는 게 아니죠. 그나마 의지로 할 수 있는 게 바로 돈을 모으는 일입니다. 근로소득과 투자수

익은 세상일이다 보니 운도 따라야 하고 뜻하는 대로 안 되는 게 부지기수죠. 하지만 소비를 줄여 저축하는 것은 마음먹은 대로 할 수 있어요.

삼성에서 13년을 근무하다 39세에 희망퇴직을 신청한 청울림 선생님이 선배 전업투자자들을 찾아가 조언을 구했더니 이구동성으로 말합니다. "투자도 힘들지만 자기 관리를 하는 게 더 힘들다." 전업투자에 실패하는 사람들 대부분이 투자를 못해서 실패하는 게 아니라 자기 관리를 잘못해서 실패하는 경우가 더 많다는 거예요. 혼자 하는 일이다 보니 나태해지고 게을러지기 쉬우니까요.

이 책은 단순히 부자가 되는 방법만을 말하지 않아요. 선생님의 자기 관리는 놀라울 정도입니다. 조급해하지 않고 절실함으로 자기의 길을 찾는 여정이지요. 책 머리말에 나오는 글귀들입니다.

운도 좋았지만 길을 발견하고 절실함을 에너지로 삼아 그 길을 달려왔다.

절실하게 하루하루를 살았고 무엇을 하든 끝까지 했다. 그 과정을 통해서 나는 인생의 커다란 비밀 하나를 알게 되었다. 길이 있다는 것을 믿고 그 길을 찾으려 애쓰다 보면 언젠가 그 길 위에 선다는 것을 말이다.

그런데 청울림 선생님은 자신의 길을 어떻게 찾았을까요. 직장인으로 살아가던 어느 날 문득 이런 생각을 합니다. '나는 이대로 살아도 좋은가?' 그 물음이 온 뒤로 몇 가지 변화가 있었다고 해요. 전에는 하지 않던 산책을 시작했어요. 점심시간 또는 늦은 오후에 잠깐이라도 짬을 내서 걸었어요. 자신의 모습을 보는 시간을 가지려고요. 반복되는 일상에서 분리된 하루 30분의 산책에서 자신이 무엇을 원하고 하고 싶은지 객관적으로 관찰하고 되물었지요. 그러고는 '나에겐 나의 세계가 없었다. 열심히 산다고 자위하지만 정작 내가 열심히 사는 무대는 내가 만든 무대가 아니었다. 대체 내 인생의 대본은 누가 쓰는 것일까?' 진지한 고민 끝에 선생님은 모두가 부러워하는 직장을 나오기로 해요.

지키는 삶이냐, 도전하는 삶이냐. 두 갈래 길이 눈앞에 펼쳐졌다. 다른 길로 가면 반대의 삶이 펼쳐진다. 전혀 가보지 않은 길이다. 무엇이 나올지 모른다. 그걸 확인하기 위해 무섭게 책을 팠다.

'나는 자기 관리를 잘하는 사람인가?' 퇴사를 고민하는

사람이라면, 또 새로운 길을 마주한 이들이라면 반드시 곱
씹어 봐야 할 질문이에요.

상처받기 싫어 마음이 닫힐 때

내게 다시 오지 않는 것들을 떠올리면
지금 이 순간 내 곁에 있는 것들의 소중함이 새록새록 돋아나요.

1

상대의 관심사에 마음을 열어요

너무 유명해서 제목은 알고 있지만 막상 읽어보지 않은 책들이 있지요. 《카네기 처세술》이 그런 책이죠. 20대 연애에 몰두해 있을 때 읽었던 책 중 하나예요. 원제는 'How to win friends and influence people친구를 만들고 사람을 움직이는 법'입니다. 이 책의 핵심은 친구를 만들기 위해서는 '당신이 관심 있는 건 잊고 상대가 관심 있는 것에 집중하라.'는 거예요. 낚시를 할 때 당신이 초콜릿을 좋아한다고 낚싯바늘에 초콜릿을 매달지는 않지 않느냐, 당신은 지렁이가 싫지만 물고기가 좋아하니까 낚싯바늘에 지렁이를 다는 것처럼 상대가 무엇을 좋아하는지에 집중하면 상대의 마음을 얻을 수 있다는 이야기거든요. 되게 좋은 책이에요. 저는 이 책을 20대에도 읽었고, 지금도 읽어요. 아마도 네다섯 번은 읽은 것 같아요.

2

오래 내 곁에 있는 사람들이 우리를 버티게 해요

"선배님, 저런 표정을 연기할 수 있는 비결이 무엇인가요?"

두 해 전 펴낸 책 《나는 질 때마다 이기는 법을 배웠다》(푸른숲)의 표지를 보고 사람들이 물어요. 제가 봐도 책에서 막 튀어나올 것 같은 표정이에요. "가자!", "해보자!"라고 외치는 당당함이 느껴진대요. 외모 콤플렉스가 심했던 제가 책 표지에 제 얼굴을 실을 날이 올지는 몰랐습니다. 사실 이 사진은 친구들과 놀면서 재미 삼아 이모티콘을 만들자고 찍은 거예요. 이 사진을 찍은 박근정 사진작가님은 저랑 10년 넘게 알고 지내는 사이예요. 모여서 보드게임도 하고 영화 이야기도 하고 그렇게 놀다가 친해진 친구랍니다. 예전엔 카메라 앞에 서면 긴장했어요. '턱에 난 흉터가 두드러져 보일 텐데?', '자글자글한 주름이 돋보이면 어떡하지?' 그때마다 박근정 작가님이 그래요.

"아니, 피디님! 평소 웃는 표정 있잖아요. 놀 때 나오는 그 개구쟁이 표정이요."

이분은 내가 모르는 나의 모습을 알고 있습니다. 책 소개 영상을 만들어주었는데 '이 장면을 어디서 찾았지?' 하고 깜짝 놀라기도 했어요. 생각해 보면, 내가 민망하고 부끄러워할 때마다 늘 말을 걸어주었어요. '아, 이분은 10년 동안 나와 늘 함께 있었구나. 늘 나를 지켜보고 있었구나.' 싫어하던 것도, 자신 없던 일도 이런 친구와 함께하면 재밌어지네요. 살아가다 상처받기도 하고 좌절하기도 하지만, 이런 귀한 인연을 만나 우리는 버틸 수 있어요.

3

다시 오지 않을 시간들을 생각해 봐요

동네 도서관에 갈 때마다 반납 도서대를 살펴봅니다. 나름 책 고르는 요령 중 하나예요. 반납 도서대 위에 놓인 책은 누군가 나 대신 책 고르는 수고를 해주었으니, 좋은 책이 있을 확률이 커요. 반납 도서대 위에서 최영미 시인의 시집 《다시 오지 않는 것들》(이미)을 만났어요. '다시 오지 않는 것들' 제목이 아련합니다. 한번 가면 다시 오지 않는 것들 중에는 시간이 있지요. 지금은 힘들어도, 지나고 나면 언젠가 그리워질 시간까지도. 시인이 6년 만에 낸 신작 시집인데요. 첫 시집 《서른, 잔치는 끝났다》(이미)를 읽으며, 한 시대가 저물었음을 함께 슬퍼한 적이 있어요. 20여 년 세월이 흐르는 동안, 어떤 변화가 시인을 찾아왔을까요? 첫 번째 수록작입니다.

밥물은 대강 부어요
쌀 위에 국자가 잠길락말락
물을 붓고 버튼을 눌러요
전기밥솥의 눈금은 쳐다보지도 않아요!
밥물은 대충 부어요, 되든 질든

되는대로
대강, 대충 살아왔어요
대충 사는 것도 힘들었어요
전쟁만큼 힘들었어요

목숨을 걸고 뭘 하진 않았어요

(왜 그래야지요?)

서른다섯이 지나

제 계산이 맞은 적은 한 번도 없었답니다!

– 〈밥을 지으며〉 전문

시련이 올 때마다 생각합니다. '아, 내가 너무 계획을 철두철미하게 세웠나 보다.' 일의 계획을 꼼꼼히 세울수록 세상은 알려줍니다. '얘야, 네 뜻대로 되지는 않을 거란다.' 그걸 알기 위해 우리는 살아가는 건가 봐요. 시를 읽다 보면 문득 과거 내가 겪었던 일이 떠오릅니다. 시는 나를 내 안의 세상으로 데려갑니다. 시를 읽으며 다시 오지 않는 날들을 되새겨 봐도 좋을 것 같습니다. 다시 오지 않는 것들을 떠올리면, 지금 이 순간 내 곁에 있는 것들의 소중함이 새록새록 돋아나거든요.

class 5 내가 먼저 불러주
다

class 5

내가 먼저 불러주자
외로움은 꽃이 되었다

가끔은
적극적으로
혼자가 되어라

정신분석 전문의인 김혜남 선생님의 책《당신과 나 사이》(메이븐)를 읽었습니다.《서른살이 심리학에게 묻다》(갤리온)를 쓰신 분이지요. 정신과에서 상담을 하며 사람들의 마음을 보살피는 저자에게 병마가 닥칩니다. 2001년, 몸이 굳어가는 파킨슨병 진단을 받습니다.

병세가 악화되어 2014년에 병원 문을 닫는데요, 그 많던 지인이 하나둘 사라지고 주위에 사람이 없더랍니다. 찾아오던 환자도 함께 일하는 동료도 점점 멀어집니다. 가장 충격적인 것은, 세상이 자신 없이도 너무나 멀쩡하게 잘 돌아갔다는 사실이지요. 그 순간 뼛속 깊이 외로움을 느낍니다. 정신과 의사로서 마음이 아픈 사람들을 돌보는 사람은 아무

걱정 없이 살 줄 알았거든요. 몸이 뜻대로 움직이지 않는 고통을 저자는 이렇게 묘사합니다.

> 나는 18년째 파킨슨병을 앓고 있다. 몇 년 전에는 밤에 일어나 화장실에 가는 데만 한 시간 넘게 걸린 적이 있었다. 온몸이 얼어붙은 것처럼 뻣뻣하게 굳어버려서 꼼짝 못 할 때가 있는데 마침 그때가 그런 경우였다. 분명 문은 저 앞에 있고 몇 발자국만 가면 되는데 몸이 내 말을 듣지 않았다. "살려주세요."라고 외쳐봤지만 목소리가 잠겨 잘 나오지 않았다. 깊은 밤에 이미 잠들어 버린 가족들을 깨울 방법이 없었다.

인생은 정말 끝없는 고난의 연속인가 봐요. 누구도 나를 도와줄 수 없고 나의 고통을 대신할 수 없을 때, 그 순간 가장 지독한 외로움을 느끼지 않을까요? 사람이 절대 익숙해지지 않는 감정이 외로움이랍니다. 태아는 엄마 뱃속이라는 완벽한 세상에서 추위도 더위도 배고픔도 모르고 자라다 태어납니다. 부모 품 안에 있을 때는 힘들면 울면 돼요. 그럼 주위에서 울음소리를 듣고 달려와 달래주어요.

어른이 되어 부모 곁을 떠나면 비로소 외로움과 직면하게 됩니다. 사랑하는 사람을 만나 외로움을 달래기도 하지만, 함께 산다고 같은 꿈을 꾸고 같은 생각을 하는 건 아니에요. 부부도 서로 다른 사람이며 결코 하나가 될 수 없거든요. 톨스토이가 이런 말을 했대요.

행복한 결혼 생활은 상대와 얼마나 잘 지낼 수 있느냐가 아니라 불일치를 얼마나 잘 감당할 수 있느냐에 달려있다.

SF 작가 테드 창은 소설 《소프트웨어 객체의 생애 주기》(김상훈 옮김, 북스피어)에서 '작가의 말'을 통해 이렇게 말합니다.

애완동물을 키우다가도 귀찮아지면 완전히 무시하는 사람들이 있고, 자기 아이인데도 최소한의 보살핌만으로 때우려는 부모들도 있다. 처음으로 한 번 싸우자마자 헤어지는 연인들도 있다. 이 모든 사람들에게 공통된 특징은 이들이 관계를 유지하기 위해 노력할 생각이 없다는 점이다. 상대가 애완동물이든 자기 아이든 연인이든, 진정한 관계를 유지하고 싶다면 다른 사람의 욕구와 자기 자신의 욕구 사이에서 균형을 맞출 의지가 있어야 한다.

타인과 자신의 욕구 사이에서 균형을 맞추는 것, 쉽지 않지요. 좋은 사이를 유지하기 위해서는 적당한 거리가 필요하다고 믿습니다. 너무 멀어서 외롭지 않고 너무 가까워서 상처

입지 않는, 거리를 찾을 수 있을까요? 사람들 속에서도 흔들리지 않고 혼자 있어도 외롭지 않은 법을 알 수 있을까요?

어떤 이유로 관계에 문제가 생기면 우리는 관계를 좋게 만들려고 애를 씁니다. 그 노력 때문에 관계가 어긋나고 더 멀어지기도 해요. 나의 마음을 몰라주는 것에 대한 서운함이 외로움을 불러오고 또 상처로 남아요. 김혜남 선생님은 관계의 유형에 따라 최적의 거리를 유지해야 한다고 해요. '가족·연인과 나 사이는 20센티미터', '친구와 나 사이는 46센티미터', '회사 사람과 나 사이는 120센티미터'의 거리두기가 필요합니다.

거리를 유지한다는 것은 상대와 나 사이에 '존중'을 넣는 일이라고 선생님은 말합니다. 그것은 상대에 대한 존중이기도 하지만 나에 대한 존중이기도 하죠. 그가 나와 다르다고 해서 비난하지 않는 것만큼 나를 함부로 대하는 이들에게 끌려다니지 않는 것도 중요합니다.

사람들은 입으로는 세상에서 가장 소중한 건 자신이라고 떠들지만, 실제로 남들의 시선과 평가에 신경 쓰느라 그런 자신을 방치하기 일쑤다. 그러나 나마저 나를 버리면 누가 나를 지켜줄 것인가. 자신을 함부로 대하는 사람을 누가 존중하겠는가. 자신을 싫어하는 사람을 그 누가 좋아해 주겠는

가. 그런데 나를 사랑하기 위해서는 먼저 초라하고 보잘것없는 나라도 받아들이고 인정할 수 있어야 한다. 그래야만 "그래 그게 나야, 어쩔래!"라며 당당하게 자신의 길을 걸어갈 수 있게 된다.

그런데 '나'와 '나를 바라보는 나' 사이의 최적 거리는 얼마일까요? 절망, 외로움, 슬픔, 분노에 휩싸여 있는 나(마음)를 바라보는 '나'. 그 감정들에 너무 깊이 빠지지 않는 것이 적정 거리가 아닐까 싶어요. 이런 심리적 고통에서 벗어나 머리와 마음을 비워보는 일이 중요합니다. "가끔은 적극적으로 혼자가 되어라."는 선생님 말씀을 저는 이렇게 이해했어요.

'밥 한번 먹자!'는
약속을
지킬 때

외대 통역대학원을 졸업하고 20여 년이 지났어요. 동기들을 두 부류로 나눌 수 있어요. 외국계 기업의 임원이 되어 바쁜 사람과 프리랜서로 집에서 통번역을 하며 시간의 여유가 있는 사람. 주말은 가족과 시간을 보내기에 모이기 힘드니 평일에 모이는데, 직장인은 평일 점심에 시간을 내기 힘들고 프리랜서는 한가합니다. 그래서 만든 모임이 '유랑걸식회'예요.

회사 임원으로 일하는 바쁜 친구를 찾아가 함께 점심을 먹습니다. 아무리 바빠도 동기들이 직장 근처까지 찾아오면 밥 한 끼는 너끈히 쏩니다. 급여통장에 돈이 풍족한 이들이 밥을 사고 시간이 여유로운 이들이 멀리서 찾아가는 거죠.

각설이처럼 한 끼 밥을 사주는 이를 찾아다니는 '유랑걸식회'는 늘 유쾌합니다. 그날의 주인공은 평소 직원들과 회식을 하며 검증한 맛집으로 우리를 데려가요. 맛있게 먹고 즐겁게 수다를 떨며 '본부장님, 멋지세요!'를 목청껏 외칩니다.

밥 사주는 동기가 없으면 없는 대로 괜찮아요. 그런 날에는 서울의 명소와 숨은 맛집을 찾아가 각자 추렴한 회비로 점심을 해결합니다. 남산을 걷고 버티고개에 있는 이탈리안 레스토랑에서 점심을 먹거나 안산 자락길을 걸은 다음 망리단길 만둣집에서 수다를 떱니다. 20대에 통역대학원에서 만난 인연들이 20년이 지나 맛집 탐방과 걷기 여행의 동반자로 다시 이어지는 거죠.

직장에서 만난 인연이 퇴사 후에 더욱 돈독해지는 경우도 있습니다. MBC 동료 중에 책벌레로 유명한 친구가 있었어요. 오후 6시가 넘어 퇴근하면 휴대폰을 끄고 오로지 책만 읽는 다독가예요. 은퇴하기 수년 전부터 한 달에 한 번씩 만나 인상적으로 읽은 책에 대해 이야기합니다. 서로가 추천한 책을 읽고 다음 달에 다시 만나 각자 읽은 소감을 나눠요.

책을 읽다 보면 친숙한 장르나 작가만 찾게 되는 경향성이 생기지요. 아무리 많은 책을 읽어도 매달 쏟아져 나오는 책을 다 섭렵할 수는 없고요. 취향이 다른 다독가 두 사람이 만나 각자 읽은 책 중 가장 좋은 책을 서로에게 권하다 보니 독서의 효율은 배가됩니다. 은퇴한 선배가 갑자기 연락해서 후배에게 독서 모임을 하자면 부담스럽죠. 평소 독서 모임을 이어오던 후배라 퇴사 후 연락을 해도 부담이 없습니다.

> 미국의 시니어비즈니스 전문가 메리 펄롱 박사는 '노후의 친구는 가족'이라고 강조했다. 나이가 들면서 가족과 친구의 구분과 경계가 희미해지는 '가족의 재구성'이 일어난다는 것이다. 같은 집에 살던 가족 구성원과의 관계가 느슨해지는 반면에 주변 사람의 존재 가치가 커진다. 노부모가 세상을 떠나고, 자녀는 독립하고, 배우자는 친구처럼 바뀌는 시기와 맞물려 벌어지는 현상이다. '절친'은 "자신이 선택한 가족"인 셈이다.

50년 넘게 살며 학교와 직장에서 무수히 많은 사람을 만났어요. 그중 유난히 마음에 끌리는 이들이 있다면 연락을 해서 취미를 함께하는 모임을 만들어봅니다. 그들과 취미 활동, 독서 생활, 맛집 탐방 등의 모임을 이어가며 은퇴 후 시간을 즐길 수 있어요. 재미난 게임을 새로 배우고 좋은 책을 추천받고 맛있는 수다를 이어갑니다.

인생에서 남는 것 중 최고는 역시 좋은 사람과의 인연입니다. 우리는 사회적 동물이기에 혼자 있는 것을 견디기 어려워하는 존재지요. 부끄러워 말아요. 내가 외로운 만큼 누군가도 외롭답니다. 그러니 먼저 말을 걸어보아요. 내가 느끼는 그 친구의 소중함만큼 나의 존재 가치도 커졌으니까요.

내 곁에
다정한 사람들로
채우고 싶다

살다 보면 이상한 일이 참 많습니다. 이해가 안 되는 이상한 사람이 있고 그런 이상한 사람이 출세를 하는 이상한 회사도 있어요. 그중에서 그 상황을 다 지켜보고도 찍소리 못 하고 당하기만 하는 내가 제일 이상합니다. 이상한 사람도 바꾸고 싶고 이상한 세상도 바꾸고 싶고 무엇보다 이상한 나도 바꾸고 싶어요. 하지만 셋 다 쉽지 않죠. 사실 나 자신을 바꾸는 게 제일 어려운데요.《인생을 바꾸는 세 가지 프로페셔널 시점》(윤정열, 바이북스)에서 실마리를 찾았어요.

자신의 실력만큼 인정받지 못하는 사람들에 대해 오랫동안 관찰하며 고민해 왔던 저자는 끊임없이 자기계발에 몰두했습니다. 그 결과 한국외국어대학교 동시통역대학원에서 시작하여 미시간 대학교 MBA, 서던 캘리포니아 대학교 부동산 개발 석사(MRED) 등 세 개의 석사 학위와 미국 공인 회계사, 한국 공인중개사 자격증을 취득했지요.

미국 월풀 본사의 유일한 한국인으로 스카우트되기도 했고 한국에 돌아와 세계 부동산 업계 1위인 외국계 다국적 기업에서 '한국 최초 여성 전무'라는 타이틀까지 얻었어요. 그 과정에서 저자는 학위나 자격증보다 자신과 세상을 바라보는 '시점'이 훨씬 더 중요하다는 사실을 깨닫습니다.

어릴 때 저는 소심한 성격 탓에 사람들 눈치를 심하게 보았는데요. 그게 저를 더욱 위축시킨다는 것을 알게 되었어요. 세상에는 나 같은 사람들이 적지 않더라고요. '남들은 별 생각 없이 하는 말에 나 혼자 상처받고 있구나.' 이 책의 저자도 그런 사람 중 하나였어요. 그녀는 자기만의 해법을 찾아냈죠. '저 사람이 나를 싫어하나?' 눈치를 보는 대신 상대방이 나를 좋아한다고 착각하기로.

상사가 꼭 집어서 나에게 회의록을 작성하라고 시켰다고 해봐요. '저 인간은 왜 나를 싫어하지? 오늘 내가 뭘 잘못했나?' 온갖 생각을 하며 상사의 눈치를 살피죠. 그저 회의록 작성 업무를 맡긴 것뿐인데도 소심한 사람은 모든 일을 문제라 여기고 원인을 자기에게서 찾습니다. '내가 회의에 집중을 안 한 것처럼 보였나? 내가 지난번 회의에서 할 일을 안

했나?' 그런 생각을 하는 데 많은 에너지를 쓰다 보면 정작 해야 할 일인 회의록 작성을 제대로 하지 못할 수 있어요.

단순하게 생각을 바꿔볼게요. 상사의 지시를 과대 해석하는 대신, 상사는 날 좋아한다. 상사는 내가 회의록을 작성해 회의 내용을 잘 파악하길 바란다. 상사는 내가 성장하도록 도와주려는 사람이다. 이렇게 관점을 바꾸면 원인 찾기에 골몰하는 시간에 회의록 작성에 집중할 수 있죠.

감정 소모는 나의 업무 효율을 떨어뜨린다. 차라리 그 시간에 업무에 초점을 두고 빨리 끝내는 편이 낫다. 나에게 행복을 주는 일에 시간을 쓰고 싶다. 내게 소중한 사람들에게 관심을 갖고, 함께 즐거운 시간을 보내는 데 더 에너지를 쓰고 싶다. 그게 나의 건강을 위해 좋다.

기말고사를 끝낸 중2 딸과 밥을 먹다 그런 말이 나왔어요. "아빠는 책을 참 많이 읽는 것 같아. 왜 그런지 알아?"

머릿속에서 무수한 답이 떠오릅니다. 호기심이 많아서? 성장하는 삶을 좋아하니까? 배우고 싶은 게 많아서? 아이의 답이 허를 찌릅니다.

"친구가 없어서 그래."

맞아요. 저는 친구가 별로 없어요. 책 읽는 게 좋아 저녁 약속도 피하고 사람들과 어울리지 않다 보니 친구가 없다고 생각했는데요. 반대입니다. 친구가 없으니까 저녁 약속도 없고 그 시간에 책만 끼고 사는 거죠.

20대의 제가 그랬어요. 소개팅에서 차이고 돌아와 '아니, 그 사람은 왜 나의 애프터 신청을 받아주지 않을까?'를 고민하다 쓰라린 상처를 달래려고 '좀 이상한 사람이었나 보다.' 하고 애써 위로해요. 그런데 스무 번 연속으로 소개팅에서 차이잖아요? 그 스무 명을 다 이상하다고 하기엔 나 스스로도 민망하니까 결국 '내가 좀 이상한가 보다.' 자책하게 됩니다. 그렇게 위축된 채 사람을 만나면 괜히 이상한 자학개그만 남발하고 관계는 수렁으로 빠져들죠.

이 책을 20대에 만났으면 어땠을까 생각해 봤어요. 타인에 대한 평가 전에 나 자신에 대한 관점부터 바꾸었다면 이런 선순환이 일어났을지도 모르죠. '아, 내가 너무 잘난 사람처럼 보였나 보다. 그래서 상대방이 지레 부담을 갖고 피한 거구나. 다음에는 좀 더 상대의 말을 들어주고 겸손해져야지.' 인생을 되돌아볼 때마다 가장 아쉬운 것은 친구들의 이야기를 더 많이 들어볼 기회를 놓쳤다는 거예요.

지금도 늦지 않았겠죠? 관점을 바꿔 나를 바꾸고 내 주변의 세상을 더 다정하고 좋은 사람들로 채워보려고요.

끈끈하지
않아도 좋아,
느슨한 연대

　당신에게도 인생을 되돌아봤을 때 가보지 않은 길을 떠올리게 되는 장면이 있지 않나요? 저는 2011년의 어느 날이 생각납니다. 피디가 걸어가는 직업 경로는 조연출(AD) – 연출(PD) – 책임 피디(CP)입니다. 나이 마흔이 넘어가면 선택의 기로에 섭니다. 현장 연출가로 남아 계속 드라마를 만들 것인가, 아니면 기획이라 불리는 책임 피디가 되어 후배들의 제작을 도울 것인가. 전문직이냐, 관리직이냐 갈림길에 서게 돼요. 물론 둘 다 하기도 해요. 자신의 프로그램을 직접 만들다가 작품이 끝나면 관리자로 후배들의 기획을 돕기도 하죠.

　신임 드라마 국장님이 부르셨어요.

"민식 씨, 현장 연출도 재밌겠지만 책임 피디로 일해보는 건 어때요? 민식 씨가 CP를 맡아 부서 관리를 해주면 좋겠는데."

국장 아래 4개의 부서가 있고 그 장이 CP입니다. 부장 승진을 제안하신 거죠. 예능에서 넘어온 지 몇 년 되지 않아 아직 관리자가 되기엔 어렵지 않겠냐고 말씀드렸더니 그러셨어요.

"민식 씨는 혼자 일하는 독불장군형이 아니라 협업을 잘하는 보직 부장 자리가 더 어울릴 거 같아요. 일단 나랑 한번 해보고 1년쯤 지나 다시 현장 업무가 그리우면 그때 돌아가도 되고."

그 국장님은 제가 주말연속극을 연출할 때 모시고 일하던 CP였어요. 제가 일하는 걸 6개월 넘게 옆에서 지켜보신 분이 그런 말씀을 하시니 용기가 생기더군요. 어려운 자리지만 한번 해보고 싶다고 말씀드렸어요. 당시 노조 부위원장을 맡고 있었는데 노조 회의에 가서 그 얘기를 했더니 다들 펄쩍 뛰더군요. 노조 부위원장은 직원 대표인데 CP는 상급 관리자라 이해충돌이 생긴다고요. 노조 임기가 끝나야 부장을 맡을 수 있다고 해서 국장님을 찾아가 1년 뒤에 다시 불러주십사 했습니다.

네, 노조 임기가 끝나고 부장 승진은 어려워졌죠. 승진은커녕 정직 6개월에 대기발령이 났으니까요. 결국 피디로 일하면서 기획자 역할을 한 번도 못 해보고 2020년 말에 회사를 나왔습니다. 명퇴를 하면서 일에 대한 미련은 깔끔하게 내려놓았죠.

퇴사 후 숭례문학당을 찾아 독서 수업을 신청하고 선생님의 지도를 받으며 책을 읽었습니다. 출근할 회사는 없어도 공부하러 다닐 곳이 있어 행복했어요. 블로그 활동을 재개하자 숭례문학당 대표님이 연락을 주셨어요.

"작가님, 잠수 후 상륙하셨군요. 축하드립니다. 학당에서 모임 한번 하시죠? 4주 과정의 줌 수업으로요."

'김민식 PD의 소셜 미디어로 인플루언서 되기'라는 수업을 제안해 주셨어요. 잠시 고민을 하다 제안을 받아들였어요. 은퇴하고 1년쯤 되니 나를 불러주는 곳이 있다면 어디든 달려가고 싶어요. '소셜 미디어 창작자 과정'이라는 말에 문득 가보지 못한 길이 떠올랐어요. 바로 기획자의 길입니다. 다른 이들이 창작자가 될 수 있도록 돕는 일도 의미가 있지 않을까. 내가 CP가 되었다 생각하고 콘텐츠 기획의 길잡이가 되면 어떨까? 다른 사람들이 창작자가 될 수 있도록 돕는 것도 의미 있을 거 같았어요. 포부를 담아 수업 기획안을 짜보았습니다.

우리 모두 미디어가 되자! 100세 인생의 시대, 수십 년의 기
대 수명이 내게 선물처럼 주어진다면 무엇을 하면 좋을까요?
저는 여러분에게 미디어 창작자의 길을 안내하고 싶습니다.
2011년에 블로그를 열고 매일 아침 글을 쓴 결과, 2012년 다
음Daum에서 선정한 베스트 블로거가 되었습니다. 블로그에
쓴 원고를 모아 낸《영어책 한 권 외워봤니?》가 2017년에 종
합 베스트셀러 10위에 올랐고요. 블로그로 저자가 된 경험에
대해 쓴《매일 아침 써봤니?》도 화제의 책이 되었고요. 책 소
개하는 유튜브 채널〈꼬꼬독〉의 진행을 맡아 1년 만에 구독
자 6만 명을 돌파하기도 했지요.

소셜 미디어를 시작한 덕분에 은퇴 후에도 저의 커리어를 이
어갈 수 있었습니다. 무엇보다 미디어 창작자는 재미난 콘텐
츠를 찾아보며 놀다가 직접 콘텐츠를 만들기 위해 공부를 하
고요. 그 결과 직접 작업물을 만들어 내놓는 일의 즐거움까
지 맛볼 수 있습니다.

TV를 보며 연예인을 꿈꿀 수는 있지만 화려한 삶은 무지개
너머 저 멀리에 있지요. 영화를 보며 감독이나 시나리오 작가
가 되고 싶지만 그 역시 쉽지 않지요. 그러나 소셜 미디어의
시대, 인플루언서는 누구나 될 수 있습니다. 여러분이 직접
크리에이터가 되어 자기만의 콘텐츠를 만들 수 있어요. 당신
의 이야기가 누군가에게 도움이 되고 위로가 될 수 있습니다.

은퇴 후의 세컨드 커리어, 미디어 창작자에 도전하지 않으시 렵니까?

MBC에는 밸류업 특강이라는 사내 특강이 있는데요. '느슨한 연대'를 주제로 한 록담 백영선 선생님의 강의를 들은 적이 있어요. 백영선 선생님은 다양한 커뮤니티 활동을 기획하시는 분입니다. 그분이 만든 '낯선 대학'이라는 커뮤니티가 있어요. 먼저 친구 7명을 모으고 각자 친구 7명씩 초대해서 49명으로 구성된 모임을 만듭니다. 처음 보는 사람들이 모여 자신이 좋아하는 취미나 자신이 하는 일에 대해 소개하며 서로 배움을 청하는 커뮤니티죠.

향우회, 종친회, 동문회, 전우회 같은 강한 연대를 지닌 모임들의 특징은 과거 지향입니다. 같은 고향이나 학교, 부대 출신, 즉 과거의 기억을 공유하는 이들의 모임입니다. '느슨한 연대'는 이와 달리 미래 지향적이에요. 각자 지향하는 바가 비슷한 사람들과 연결됩니다. 지나치게 가깝지도 그렇다고 너무 먼 거리도 아닌, 하나의 공감대를 통해 적당한 거리를 유지할 수 있는 관계를 만들어갑니다. 그 안에서 자신이 나아갈 길을 모색하는 거죠. 백영선 선생님은 말해요.

연대의 목적은 더 멀리 가기 위함이다. 속도가 유효했던 건

고속 성장 시대에 한해서였다. 그 시대를 넘어 우린 더 멀리 보길 원한다.

강한 연대라고 할 수 있는 가족, 학교, 직장에서 우리는 인생의 전반전을 보냅니다. 강한 연대 속에서 상처를 받을 때도 있어요. '우리가 남이가?'를 외치는 순간 나의 개성은 집단의식 속에 사라지고 나의 목소리는 타인의 주장 속에 묻히고 맙니다.

나만의 개성을 찾아야 해요. 생태계는 다양성이 높을수록 건강합니다. 사회도 마찬가지입니다. 동질감을 키워가는 것보다 어쩌면 개인의 개성을 존중하고 다양성을 키울 때 세상은 더욱 살만해질 거예요. 나만의 개성을 찾는 데 정해진 시기란 없어요. 노후의 시간이야말로 뭔가에 쫓기지 않고 오롯이 나에게 집중할 수 있는 적기입니다.

숭례문학당에서 소셜 미디어 수업을 한 후 멤버들과 정기적으로 만나는 모임방을 개설했어요. 카페에 모여 수다를 떨거나 남산을 함께 산책하며 브런치를 즐깁니다. 저와 함께 공부한 분들이 어떻게 소셜 미디어를 활용하는지 고민과 경험을 나눕니다. 느슨한 연대를 통해 나의 새로운 인생 경로를 모색하고 그 길 위에서 새로운 길동무를 만나길 소망합니다.

평생 일을 하며 배운 것을 다른 이들과 나누며 사는 것. 제가 꿈꾸는 노후의 삶입니다. 이제껏 성실히 살아온 당신의 경험을 나누고 싶지 않은가요? 우리에게는 같이 놀고 공부하며 일할 친구들이 꼭 필요합니다.

행복은
작은 틈과
빈도에서 온다

　월급쟁이에서 벗어났을 때 돈을 버는 것보다 더 중요한
건 무엇일까요? 시간을 어떻게 쓸 것인가에 대한 고민입니
다. '나는 어떤 일을 할 때 즐거운가?'를 끊임없이 묻고 답하
는 거예요. 은퇴의 핵심은 그겁니다. 다들 은퇴에 대비해서
열심히 일하지만 55세 이상의 미국인 중 48퍼센트는 은퇴한
뒤에 하고 싶은 일에 대해서는 거의 생각하지 않는답니다.
많은 사람이 자신이 진정으로 하고 싶은 거나 좋아하는 게
무엇인지 고민하지 않은 채 인생의 수십 년을 일에만 바친다
는 뜻이지요.

　쉰넷의 나이에 명예퇴직을 선택한 제가 누리는 즐거움
은 다 '틈[間]'에서 나옵니다. 공간空間, 시간時間, 인간人間. 여

행을 통해 멋진 공간을 찾아다니고 독서와 모임, 취미를 통해 즐거운 시간을 누리며 다양한 모임을 통해 인간관계의 즐거움을 누립니다.

드라마 피디로 일할 때 부담감이 너무 컸어요. 한 시간짜리 드라마 한 편을 만드는 데 수억 원의 제작비가 드는데요. 내 연출이 신통치 않으면 작가, 배우, 제작진 등 많은 사람에게 손해를 끼칩니다. 시청률의 압박을 받으며 밤잠을 설쳐가며 일했습니다.

한창 일할 나이에 은퇴하고 무엇을 할지 고민이 많았어요. 다행히 내게는 블로그가 있습니다. 도서관에서 빌린 책을 읽고 온라인에 독서일기를 올립니다. 무료로 누리는 일상은 자칫 소중함을 잊기 쉽습니다. 힘들게 예약을 해서 비싼 돈을 내고 본 콘서트는 기억에 남지만 누가 초대권을 줘서 간 무료 공연은 금세 잊어요. 빌려 읽은 책에서 얻은 깨달음을 오래 간직하기 위해 마음에 든 글귀를 옮겨 씁니다. 책을 읽으며 떠오른 나의 경험과 앞으로 해야 할 일도 함께 적어봐요. 책 리뷰를 공유함으로써 독서라는 지극히 사적인 경험은 공적인 활동이 됩니다.

블로그에 글을 쓰는 건 돈이 한 푼도 들지 않습니다. 들인 비용이 0이니 비용 절감을 고민할 필요가 없어요. 글을 잘못 써서 욕을 먹어도 온전히 나의 몫이니 남에게 피해를 줄 위험도 적고요. 드라마 한 편을 연출하는 건 몇 년에 한 번 기회가 올까 말까 한 일인데 블로그는 매일 아침 새로운 글 한 편을 올릴 수 있습니다. 행복은 강도가 아니라 빈도라는 걸 익히 알고 있거든요.

행복 심리학자 서은국 교수님이 쓴 《행복의 기원》(21세기북스)을 보면 진화는 자연선택과 성선택을 통해 이루어졌어요. 고로 인간은 생존과 번식에 유리한 행위를 할 때마다 행복을 느낍니다. 지금 우리가 이 자리에 있는 것은 생존과 번식에 유리한 행위를 할 때마다 기쁨을 느낀 선조들 덕분이죠. 맛있는 음식을 먹을 때 행복한 이유는 생존에 유리하기 때문이고 매력적인 이성을 볼 때 기분이 좋은 이유는 짝짓기의 희망에 들뜨기 때문입니다.

행복은 우리 몸이 자신에게 주는 인센티브입니다. 회사에서 직원에게 인센티브를 줄 때 고려할 사항은 무엇일까요? 지속적인 노동 제공의 여부죠. 인센티브를 한번에 너무 많이 줘서 '음, 이 돈이면 사표 쓰고 몇 년 놀아도 되겠는걸.' 하고 나가버리면 곤란합니다. 받을 때 기분이 확 좋았다가 금세 사라질 정도의 보너스를 줍니다. 그래야 또 인센티브를 받기 위해 계속 일할 테니까요. 행복이란 인센티브가 오래가지 않는 이유가 여기에 있어요. 생존과 번식을 위해 끊임없이 노력해야 하니까요.

끼니를 때우고 포만감을 느끼며 누워있는 원시인 앞에 토끼가 지나갑니다. 배가 부르니 그냥 드러누워 토끼를 보낸 사람과 배가 불러도 사냥을 하러 나간 사람, 둘 중 생존과 짝짓기에 더 유리한 사람은 후자였을 것입니다. 만족을 모르고 끊임없이 보상을 추구하는 사람, 우리는 그런 이들의 자손입니다.

강도 높은 자극을 추구하기보다 작은 성취를 조금씩 자주 느낄 수 있어야 해요. 그러자면 처음 해보는 일이 많을수록 좋습니다. 오래 한 업무나 취미 활동은 그 성취의 기준이 높아요. 새로 시작한 일은 기준이 낮습니다. 조금만 늘어도 성취의 기쁨과 보람을 느낄 수 있습니다. 낯설고 서툴더라도 해보겠다고 마음을 내는 일이야말로 '갓성비' 행복일지도 모릅니다.

둠 스피로 스페로,
숨 쉬는 한
희망이 있다

　명예퇴직을 선택하고 정처 없이 방랑을 떠났습니다. 저
는 바닷가 산책을 좋아해요. 집에서 6시 반에 출발하니 오전
7시에 반포 고속터미널에 도착하고요. 7시 30분 우등고속을
타고 9시 50분에 속초에 도착했어요. 터미널에서 속초 해수
욕장까지는 걸어서 10분, 오전 10시에 속초 해변에 서 있습
니다. 황홀합니다. 마음만 먹으면 이렇게 쉽고 빠르게 바다
를 영접할 수 있군요.

　2020년 추석 연휴에 동해안 자전거길을 달렸어요. 그때
강릉 바우길이며 속초 사잇길 등 해변을 따라 조성된 도보
여행 코스를 봤지요. 내 언젠가 여유가 생긴다면 꼭 그 길을
걸어보리라. 스마트폰 속에는 버킷리스트를 적어둔 메모장

이 있어요. 살다가 하고 싶은 일이 생기면 버킷리스트를 추가해 둡니다. 명퇴를 하고 갑자기 한가해졌어요. 메모장을 불러내 하고 싶은 일 목록을 살펴봤고요. 속초 도보 여행을 선택했어요.

속초 해수욕장에서 해변을 따라 한 시간쯤 걸으니 영금정에 도착했습니다. 자전거로 전국 일주할 때는 그냥 지나쳤던 곳이에요. 여행할 때 한 번에 다 보려고 하지 않아요. 살아있는 한 언제나 다음 기회가 있으니까요. 제가 좋아하는 라틴어 '둠 스피로 스페로dum spiro spero'는 숨 쉬는 한 희망이 있다는 뜻이죠. 중요한 건 동기부여예요. 이걸 언젠가는 해야겠다는 마음.

바닷가를 따라 정처 없이 걷습니다. '속초 사잇길' 제2길 장사영랑해변길을 걷습니다. 장사항 - 사진교 - 영랑해변 - 속초 등대 전망대 - 영금정을 지나는 코스인데요. 전국 어디나 걷기 여행 코스가 있어요. 당일치기 여행이라도 찾아보면 가볼 곳이 많아 살맛 납니다. 도보 여행을 좋아하신다면 스마트폰에서 '두루누비'를 검색해 보세요.

https://www.durunubi.kr
'한국관광공사 대한민국 걷기 코스' 어플 링크

Android

iOS

전국 어디를 가든 소요시간과 난이도, 이동 거리, 위치별로 걷기 여행 코스를 검색할 수 있어요. 지방에 강의를 갈 때면 내려가는 기차 안에서 두루누비를 검색해 한두 시간 걷기 코스를 찾아 산책을 즐긴 다음 강연장으로 향해요. 용돈도 벌고 여행도 하니 은퇴 후 누릴 수 있는 최고의 호사랍니다.

한참을 걸어 영랑정에 도착했어요. 이전에 속초 가족 여행을 왔을 때 영랑호반을 걷고 싶었는데요. 아이들은 해수욕장에서 노는 걸 좋아하지, 진득하니 한 시간씩 걷는 걸 좋아하지 않아요. 그때 다짐했어요. 언젠가 아이들이 다 자라고 은퇴하면 꼭 걸어봐야지. 속초는 가족 여행을 와도 좋고요. 혼자 걷기 여행을 와도 좋아요. 영랑 호수 공원 산책, 고즈넉하고 좋았어요.

아침에 고속버스로 내려오는 길에 '다이닝코드'라는 앱에서 속초 맛집을 검색했어요. 그러다 '봉브레드'라는 베이커리를 발견했어요. 혼자 걷기 여행 다닐 때 가성비가 좋아 빵을 애용해요. 이렇게 소문난 빵집을 발견하면 가심비(가격 대비 심리적 만족도)까지 챙길 수 있죠. 다음 날 설악산에 오르는데요. 산행식으로 좋을 것 같아 소문이 자자한 마늘 바게트 2개를 샀어요.

블로그에 여행 사진을 올리면 카메라는 무얼 쓰는지 궁

금해하는 분들이 계십니다. DSLR과 미러리스 카메라가 한 대씩 있지만 걷기 여행할 때는 그냥 스마트폰만 가지고 다녀요. 따로 카메라를 챙기지 않으니 일단 배낭의 무게가 줄고요. 언제든 호주머니에서 가볍게 꺼내어 찰칵 찍을 수 있어요. 요즘은 스마트폰 카메라에도 3가지 광각 렌즈가 장착되어 다양한 구도의 사진을 찍을 수 있답니다.

저는 사진을 찍을 때 액자 속 액자 구도를 좋아합니다. 바닷가 정자를 만나면 꼭 사진을 찍어둡니다. 정자의 지붕과 기둥을 프레임 삼아 해안 풍경을 찍습니다. 그럼 입체감이 살아나거든요. 내가 있는 공간과 내가 보는 공간, 둘을 동시에 담는 방법이지요. 게다가 바닷가 정자는 입장료도 없고 오래 앉아있다고 누가 눈치 주지도 않죠. 한적한 바닷가 정자를 찾아다니며 사진을 찍은 걸 모아 언젠가 온라인 사진전을 열고 싶어요.

그날의 숙소는 바다 전망 객실인데 1박 숙박비가 3만 8,000원이었어요. 숙박 앱을 검색할 때 사진을 꼼꼼히 확인하며 창가에 탁자와 의자가 있는 방을 고릅니다. 혼자 여행을 다닐 때는 하루 이틀쯤 숙소에 틀어박혀 창밖 풍경을 보며 책을 읽는 게 좋더라고요.

저렴한 숙소를 찾는 방법 중 하나는 기차역이나 터미널 근처 숙박업소 밀집 지역에서 방을 찾는 겁니다. 가격 경쟁이 심해 가끔 숙박 앱에 특가로 올라온 2~3만 원대 깨끗하고 좋은 방을 구할 수 있어요.

숙소에서 여장을 풀고 쉬었다가 오후 산책에 나섰어요. 바닷가를 따라 한참을 걷다 저녁을 먹으러 국숫집을 찾아갔어요. 손님이 아무도 없더군요. 점심때 두 팀이 다녀가고 내가 다음 손님이에요. 하루 종일 손님이 다섯 명. 아저씨가 주문받고 아주머니가 음식을 하는데요. 식사를 차려주신 후 두 분도 식사를 하십니다. 아저씨가 퇴직하고 부부가 함께 식당을 차리신 것 같아요. 이 식당이 부부의 노후대책인 것 같은데 부디 어려운 시기를 잘 버티시기를.

저녁을 먹고 대포항까지 걸었습니다. 튀김집과 횟집의 조명은 휘황찬란하게 바닷가 야경을 밝히는데 사람이 없네요. 인적이 드문 대포항 거리를 밤에 혼자 걸으니 살짝 처량한 생각도 듭니다. 혼자 여행하다 쓸쓸할 때는 어떻게 할까요?

정신승리로 버팁니다. 코로나 팬데믹으로 지역 경제가 눈에 띄게 어려워졌어요. 퇴직금을 받았으니 당분간 혼자 국내 여행을 다니려고요. 서울에서 평생 일하며 번 돈을 이제는 시골 맛집이나 지역 숙소를 찾아다니며 씁니다. 친환경 심리학 책 《지구를 위하는 마음》(유영)에서 심리학자 김명철 박사는 공정 여행의 가치에 대해 이야기합니다.

여행을 하면서 여행지의 공동체와 자연에 긍정적인 영향을 미치는 것을 지속 가능한 여행 또는 공정 여행이라고 부른다. 여행자를 행복하게 해준다는 조건과 더불어 '좋은 여행'을 구성하는 필수 요건이라고 할 수 있다.

좋은 여행을 하고 싶어요. 좋은 여행자가 되어 약간의 돈을 퍼뜨림으로써 여행지에 살고 있는 사람들이 이 아름다운 자연을 관광 자원으로 보존해 주길 바랍니다. 하릴없이 노는 백수가 아니라 지역 균형 발전에 긍정적인 영향을 미치는 애국자라는 생각은 나의 여행을 지속 가능하게 만드는 동력이기도 합니다.

살살
야금야금 떠나는
여행 루틴

    은퇴 후에 두 가지 여행 루틴이 생겼어요. 첫 번째 여행 루틴은 살면서 자주 간 곳을 또 찾아가는 겁니다. 익숙한 곳이라 전체 경로가 머릿속에 다 들어있어 길 찾기도 수월하고요. 직장생활을 할 때 고단한 하루의 피로를 풀던, 단골 맛집에 들러 좋아하는 메뉴를 주문해 먹다 보면 그때 기분이 고스란히 되살아나기도 해요. 혼자 가도 추억이 있는 곳이라 마음이 분주해집니다.

    어머니를 뵈러 부산에 가는 길, 기차 안에서 '두루누비'를 검색했어요. 예전에는 여행 다닐 때 여행 책자나 가이드북을 가지고 다녔는데요. 요즘은 이렇게 인터넷으로 좋은 정보를 모아놓은 사이트가 많아 무겁게 책자를 들고 다니지 않아도 언제 어디서나 여행지를 찾아다닐 수 있어 편리합니다. 어디를 걸을까? 부산역에서 가까운 영도구 절영산책로? 블루라인 파크 산책로가 조성된 송정해수욕장? 검색을 하다 해파랑길 1코스로 낙점을 봤어요. 종점이 해운대인데, 어머니 집 근처거든요. 두루누비에 올라온 코스 소개입니다.

- 해파랑길 첫 번째 코스로 부산시 남구 용호동과 해운대를 잇는 해안길
- 오륙도 해맞이공원에서 출발해 광안리해변과 APEC 해변을 지나 해운대에 이르는 구간
- 해식절벽과 동해안의 자연경관은 물론 화려하고 번화한 광안리, 해운대 관광을 겸할 수 있음

해파랑길 1코스의 출발점은 오륙도 전망대입니다. 여기서 이기대 해안 산책로가 시작됩니다. 부산 하면 많은 분이 해운대나 태종대를 떠올릴 텐데요. 새로운 명소가 바로 이기대입니다. 군 경계 지역이라 예전에는 일반인에게 공개가 되지 않았어요. 부산에서 오래 지냈던 저도 몇 년 전 어머니에게 듣고 처음 알았어요. "새로 개방된 이기대 길 가봤니? 참 좋더라." 그때 이기대 길을 걷고 완전 반했죠. 제가 좋아하는 제주 올레 못지않게 아름다운 바다 풍광을 자랑하는 길이

고요. 이제는 부산에 내려갈 때마다 들릅니다.

이기대 길 끝에서 동생말 전망대가 나오고요. 저 멀리 광안대교가 보입니다. 길 따라 광안리 해수욕장으로 걸어갑니다. 광안리는 1993년 부산에서 영업사원으로 일할 때 자주 왔던 곳입니다. 회사 일로 스트레스를 받으면 남천동 치과 방문이라는 핑계로 외근을 나와 여기서 점심을 먹고 바다를 보며 차 한 잔 마시고 머리를 식힌 후 사무실로 돌아갔지요.

부산역 근처 신창 돼지국밥집이 단골이었는데요. 요즘은 못 갑니다. 너무 유명해져서 줄이 길어요. 혼자 여행 다니면서 맛집에 들러 테이블 독차지하고 먹기는 미안합니다. 이럴 때는 어떻게 할까요? 마침 신창국밥집 분점이 광안리에 있어요. 분점은 조금 덜 붐비기에 마음 편히 옛날 그 돼지국밥을 먹을 수 있어요.

언젠가 SNS에서 제가 좋아하는 김봉석 작가님이 올리신 부산 여행기를 봤는데요. '남천리 팥빙수'라는 빙수 맛집을 소개해 주신 글을 보고 메모해 뒀어요. 다음에 광안리에 가면 찾아가리라. 마침 신창국밥집 광안점에서 걸어서 5분 거리에 있네요. 팥빙수 한 그릇에 3,000원인데요. 가게도 예쁘고 빙수도 맛있어서 요즘은 두 가게를 세트로 묶어서 다닙니다.

두 번째 여행 루틴은 악착같이 몸 사리기입니다. 제 고향은 남쪽 바닷가 울산이에요. 울산에선 겨울에 눈이 쌓이는 게 10년에 한 번 있을까 말까 한 일이에요. 초등학생 시절 수업하다 창밖으로 눈발이 날리면 "선생님, 눈 와요! 나가서 자율학습해요!"라고 애타게 외쳤지만 통한 적은 없죠. 수업을 마치고 나가보면 그새 눈은 따스한 날씨에 다 녹아버렸어요. 그럴 때는 친구들끼리 의기투합해서 고속도로 톨게이트를 찾아갑니다. 톨게이트 근처에 쭈그리고 앉아있으면 가끔 서울에서 내려온 트럭이 지나가는데요. 적재함 위로 하얗게 쌓인 눈을 보며 벌떡 일어나 소리를 칩니다. "와, 눈이다! 눈!"

서울로 올라온 후 쌓인 눈을 보는 게 그렇게 신기하고 좋았어요. 스키에 빠진 것도 푹신푹신한 눈 위에서 마음껏 놀 수 있기 때문이었죠. 퇴사하면 중년의 아빠는 갑자기 한가해집니다. 아이들과 시간을 보내려고 욕심을 내지만 아이들은 중학생 이후로는 친구들과 노는 걸 좋아하지, 아빠와 다니는 걸 즐기지는 않아요. 아이들이 놀아주지 않는다고 삐지면 안 됩니다.

아이들과 함께 가려고 예약했던 2박 3일 스키 캠프에 혼자 갔습니다. 용평 리조트에서 제가 제일 좋아하는 코스는 레인보우 파라다이스입니다. 느릿느릿 보드를 타며 오른쪽,

왼쪽으로 몸을 기울이며 춤을 추듯 내려가는 걸 좋아해요. 최상급자 코스인 레드 직벽에서 몸을 던지며 활강하던 게 엊그제 같은데요. 나이 오십이 넘어서는 좀 살살 타게 돼요. 뼈가 부러지면 잘 안 붙는 나이거든요.

명퇴를 한 2021년 1월의 어느 날 아침 일기예보를 보니 낮에 눈이 온다는군요. 서울 시내 설경이 좋은 곳을 검색하다 인왕산을 소개한 블로그를 봤는데요. 보는 순간 마음이 움직였어요. 3호선을 타고 경복궁역에서 내려 수성동 계곡을 찾아갔는데요. 벌써 눈발이 날리기 시작합니다. 와, 눈 내리는 인왕산 수성동 계곡! 정말 좋네요. 30분 전까지 저는 서울의 번잡한 도심을 걷고 있었는데 어느새 조선 시대 산수화 속 풍경을 걷고 있습니다. 이곳 수성동 계곡을 그린 겸재 정선의 산수화 속 신선이 된 기분입니다.

눈이 많이 내려 길이 미끄럽습니다. 인왕산을 오르는 건 포기했어요. 쌓이는 눈을 조심조심 밟아 다시 내려옵니다. 다음에 또 기회가 있겠지요. 인왕산을 오르지 못해 속상하진 않아요.

은퇴자의 삶은 말년 병장을 닮았습니다. 군대 제대를 앞둔 말년 병장은 악착같이 몸을 사립니다. 부대 대항 축구 시합을 나가도 살살 뜁니다. 괜히 공을 몰고 상대 팀 골대를 향해 달리다 태클에 걸려 다리를 다치면 제대를 하고 집에만 있어야 하니까요. 은퇴자도 마찬가지예요. 함부로 몸을 쓰면 안 됩니다. 저는 30년 동안 악착같이 일하며 돈을 벌었어요. 드디어 쉰다섯의 나이에 조직에서 벗어나 자유를 얻었는데 괜히 눈 오는 날 산에서 굴렀다가 다치면 나만 손해잖아요. 미끄럽다고 인왕산의 설경을 포기하다니, 나는 쫄보인가? 아니요. 떨어지는 낙엽도 피해 다니는 말년 병장입니다.

여행은
혼자서 문득
발견하는 아름다움

일본의 은퇴 전문가인 호사카 다카시 교수는 '혼자 지내는 힘' 즉 '고독력'이야말로 은퇴 후 충실하게 노후를 살게 하는 힘이라고 강조합니다. 그 힘을 기르는 방법 중 하나가 여행이에요. 여행지에서 혼자 보내는 시간은 자신의 인생을 깊이 있게 되돌아보는 계기가 됩니다. 누구나 혼자서 여행을 해보면 자신의 진짜 모습을 알 수 있어요. 여행을 통한 자아 성찰은 고독력을 키워주고 더 나아가 인간적인 성숙도를 높여줍니다.

저는 혼자 떠나는 여행을 좋아합니다. 동반자와 함께 떠나는 여행은 일상의 연장이자 긴장의 연속이지만, 혼자 다니는 여행은 온전히 자신의 욕구에 집중할 기회를 줍니다.

가고 싶은 곳에 가고, 먹고 싶은 것을 먹고, 쉬고 싶을 때 쉬고, 자고 싶을 때 잡니다. 이보다 좋을 수가 없지요.

제주 올레길도 좋고 동해 해파랑길도 좋지만 가려면 국내 여행도 경비가 만만치 않아요. 처음 시작은 짐 가방 없이 가볍게 나서는 걸 추천합니다. 산책을 여행으로 바꾸는 거죠.

제가 가장 좋아하는 여행지는 양재천 산책로입니다. 집에서 양재천까지 걸어서 15분 거리인데 강남 한 바퀴 걷기 코스가 있는 매봉산을 타고 갑니다. 매봉역을 지나 양재천까지 간 후 남부혈액원 뒤 달터 근린공원으로 갑니다. 한참을 걷다 보면 구룡산 입구가 나오고 서울 둘레길로 이어집니다. 서울 둘레길을 따라 양재 시민의 숲까지 갔다가 다시 양재천으로 돌아와선 양재도서관에 들릅니다. 도서관에서 한숨 돌린 후 바로 옆에 있는 바우뫼 공원을 올라 야트막한 언덕 너머 말죽거리 근린공원까지 걷습니다. 산책로를 따라 양재역 서초구청까지 걷고는 집으로 돌아옵니다.

도보로 3시간 넘게 걸리는 코스인데 중간에 산과 개울과 도서관을 만납니다. 양재천 주위 공원들을 이어붙여 '양재천 그랜드 투어'라 제가 이름 붙였습니다. 말이 좋아 그랜드 투어지, 실은 돈 한 푼 안 쓰고 반나절을 걷는 무지출 챌린지인 셈이죠. 전철이나 버스도 안 타고 오로지 집에서 걸어서 갈 수 있는 거리의 산책로를 이은 것이지만 저는 이 투어를 참 좋아합니다.

서울에는 공원이 많아 어디든 자신만의 그랜드 투어를 만들 수 있습니다. 직장 동료를 만나느라 상암동 MBC 근처에서 점심 약속을 잡으면 그날은 아침 일찍 출근하듯 길을 나섭니다. 오전 8시에 수색역에 도착하면 발길을 회사로 향하는 대신 반대편 봉산으로 돌립니다. 은평 둘레길 봉산 코스를 걸어 9시에 전망대에 올라 서울 시내 아침 전경을 봅니다.

오전에 3시간 코스를 걸을 때는 마치 학교 일과처럼 규칙을 지켜요. 50분을 걸으면 1교시 끝, 10분간 휴식을 취합니다. 《걷는 사람, 하정우》(문학동네)를 보니 배우 하정우 씨가 그렇게 걷더군요. 10분 정도 쉰 후 북한산 방향으로 가는데 이때는 서울 둘레길 표지를 따라 걷습니다. 10시에 서오릉 고개에 도착하면 다시 10분을 쉰 후 서오릉 방면으로 향합니다. 서오릉에서 향동천을 따라 수색역까지 걸으면 11시 30분 정도에 점심 약속을 한 장소에 도착합니다.

돈 한 푼 안 쓰는 나만의 그랜드 투어에는 자전거 여행도 있어요. 집에서 자전거를 타고 양재천으로 갑니다. 한강으로 가는 대신 반대 방향으로 달리면 양재천의 끝에서 과천종합청사를 만나죠. 도로를 달려 인덕원역으로 갑니다. 그곳에서 학의천을 타고 한강을 향하는 대신 반대 방향으로 달리면 길 끝에 백운호수가 펼쳐져요. 호수 둘레를 따라 조성된 데크 산책로를 한 시간 정도 걷습니다. 자전거를 타고 집으로 돌아오면 오전 반나절이 훌쩍 지나갑니다. 서울, 과천, 안양, 의왕까지 자전거로 4개 도시의 경계를 넘나드니 그야말로 그랜드 투어라 할만하지요. 왕복 라이딩 3시간에 호수 데크길 산책 1시간, 반나절 일과를 알차게 채워주는 코스입니다.

퇴직하고 나니 여행에 새로운 색깔을 입혀주는 계절의 변화가 반갑습니다. 벚꽃 축제가 열리는 4월에는 한강을 따라 잠실에서 여의도까지 자전거를 타고, 5월에는 중랑천을 걸으며 장미 축제를 즐깁니다. 6월에는 안산 자락길을 걷고 점심은 망리단길 맛집을 찾아가요. 서울 도보 여행과 자전거 여행을 하다 보니 하루하루가 다 축제고 선물입니다.

돈 한 푼 안 들이고 숙박비 부담 없이 즐기는 서울 여행, 이름하여 '은퇴자의 그랜드 투어!' 물가, 유가, 금리, 환율 다 오르는데 월급만 그대로라 경제가 비상이랍니다. MZ세대는 안 쓰고 돈 모으는 짠테크와 하루에 1원도 쓰지 않는 무지출 챌린지에 진심이라지요. 힘들게 버티는 게 아니라 챌린지를 통해 작은 목표를 성취하고 효능감을 얻어 자신의 삶을 주체적으로 살아가려는 그들의 '갓생'을 응원합니다.

은퇴한 저도 갓생하고 싶어요.

외로움을 연습해요

외로움은 숨을 들이마시는 것과 같고
다른 사람과 함께 있는 것은 숨을 내쉬는 것과 같다고 해요.
그 사이에 균형을 잡는 것이 중요해요.

1

외로움, 치유를 위한 소중한 시간

태어나서 최초로 느낀 외로움, 그 느낌을 기억하나요? 외로움은 홀로
남겨진 상황에서 오는 감정일 텐데요. 이때 두렵다, 무섭다, 끔찍하다는
느낌을 말하는 이들도 있지만, 어떤 이들은 편안하다, 따뜻하다, 부드럽다
고 느낀다고 해요. 심리학자들은 외로움은 모든 인간이 느끼는 감정이며,
혼자 있는 시간에 비로소 자아가 성숙해진다고 말해요. 외로움에 허우적
거리지 말고 자신의 내면을 풍성하게 가꾸는 시간으로 만들어가라는 거
예요.

《외로움의 즐거움》(윤진희 옮김, 한얼미디어)은 독일의 철학자 울프 포
샤르트가 쓴 책이에요. 이 책에 흥미로운 실험 이야기가 나와요. 막스 플
랑크 연구소의 행동학자들이 10여 명의 자원자를 한 명씩 방에 들여보내

요. 방 안에는 전화, 라디오, TV 등 어떤 통신기기도 없어요. 조명 하나만 켜두었어요. 누구와도 통신할 수 없고, 심리학자들과는 손글씨로만 의사 전달을 해요. 대신 자기가 좋아하는 일을 한 가지 허락해요. 어떤 사람은 피아노 연습을, 어떤 사람은 배 근육을 키워요. 처음에는 그 실험이 오래 지속될 수 없을 거라고 걱정했어요. 그런데요, 실험이 끝나고 문이 열렸을 때, 실험에 참여한 사람 10명 중 8명은 그 방으로 다시 돌아가고 싶다고 말합니다. 외로움을 즐기는 법을 터득한 거죠. 포샤르트 박사의 말이에요.

> 외로움은 인간의 삶에 필수적으로 포함되어 있다. 외로움은 숨을 들이마시는 것과 같고 다른 사람과 함께 있는 것은 숨을 내쉬는 것과 같다. 그 사이에 균형을 잡는 것이 중요하다.

2
길을 잃지 않을 정도로만 걸어요

오래전 〈느낌표!〉라는 예능 프로그램에서 이주 외국인들을 위한 코너 〈아시아 아시아, 집으로〉를 연출했어요. 초대 손님으로 출연한 다니엘 헤니와 함께 필리핀의 라왁이라는 오지 마을로 날아갔죠. 마을에 도착한 이튿날 아침, 헤니가 사라져서 스태프들이 난리가 났어요. 워낙 시골이어서 사방에 보이는 건 논밭뿐인데 도대체 어디로 간 걸까. 조마조마했어요. 알고 보니 새벽에 일어나 두 시간 동안 조깅하고 왔대요. 제가 물었어요.

"아니, 먼 이국 만 리 낯선 땅에서 길 잃으면 어쩌려고요?"

"어디를 가든 숙소에서 나가서 한 방향으로만 한 시간을 달리고 반환점을 돌아 그 방향 그대로 돌아오면 길을 잃지 않아요."

헤니는 하루도 빠짐없이 조깅을 했어요. 촬영 때도 캐치볼을 하고 늘 운동기구를 손에 들고 있었어요. 언제부터 운동을 좋아했냐고 물었어요.

"사춘기 때요. 미국 시골에서 학교를 다녔는데 유색인종이라고 놀림이 심했어요. 덩치 큰 애들에게 얕보이지 않으려고 운동을 시작했죠."

그 외로움이 저에게 전해지는 듯했어요. 헤니가 들려준 이야기가 오래 마음에 남았어요. 안전한 조깅을 위한 '한 방향의 규칙'. 삶이 힘들고 걷잡을 수 없을 때 거기에 휘말리지 않고 시작점으로 돌아오려면, 애초에 그런 단단한 기준을 만들어두는 게 참 도움이 되더라고요.

3
영국 정부에는 외로움을 관리하는 부서가 있대요

영국 정부에는 '외로움부'가 있다고 해요. 외로움을 국가가 관리하고 정책적인 지원을 하는데, 문화부 수장이 외로움부 장관을 겸직해요. 현대인의 고독과 외로움에 대한 문제가 얼마나 큰지 이제 국가가 나서야 할 정도예요. 민간 차원에서 '외로움 종결 캠페인 campaign to end loneliness'도 활발하다고 해서 관련 홈페이지(www.campaigntoendloneliness.org)에 들어가 살펴보았어요. 고독에 대한 최신 연구나 정보 기사도 많고 세대와 상황에 따라 외로움 매뉴얼을 잘 정리해서 알려주네요. 처음에는 나이 많은 사람에게 유용한 정보를 알려줬는데 이제는 초등생, 청소년 등 전 연령층을 대상으로 해요. 몇 가지 매뉴얼을 소개할게요.

외로움에 대한 생각

 - 외로움은 나이와 배경에 관계없이 누구나 경험하는 정상적인 감정이다.

– 외로움은 개인적인 실패가 아니다. 사람마다 경험이 다르고 왜 이런 감정을 느껴야 하는지 그 이유가 다르다.

– 외로움을 지우는 절대적인 방법은 없지만, 다양한 방법을 시도해 볼 수 있어야 한다.

외로움 매뉴얼

– **연결하기** : 전화, SNS를 통해 친구들에게 소식을 전한다. 친구들이 바쁘고 시간이 없다고 할 것 같지만, 첫발을 내디디면 깜짝 놀랄 일이 벌어질 것이다.

– **새로운 연결에 시간 투자하기** : 관심사에 따라 그룹이나 모임에 참여하여 새로운 연결을 만들어라.

– **인사하기** : 상점 주인이나 이웃, 도서관 직원 등 만나는 이마다 인사하기. 간단한 일이지만, 당신이 자신에 대해 느끼는 방식에 긍정적인 영향을 미친다.

– **1주일 계획하기** : 독서, 꽃 가꾸기, 음악 듣기 등 좋아하는 활동을 포함하여 1주일 단위로 한 주 계획을 짜고 실행한다.

– **바깥에서 시간 보내기** : 산책, 나들이 등 바깥 활동은 기분을 좋게 하는 가장 좋은 방법이다. 사람들과 자연과 연결되어 있다는 느낌은 매우 중요하다.

– **좋은 일에 집중하기** : 외로울 때 부정적인 느낌에 사로잡히기 쉽다. 좋았던 일, 행복한 기억을 자주 떠올리면 긍정적인 시각을 갖는 데 도움이 된다.

– **먼저 자신을 돌보기** : 자신을 돌보는 것을 우선하라. 건강하게 먹고 잘 자고 운동하는 일을 습관으로 삼아라.

class 6

삶이란,
각자의 서프보드에서
파도를 타는 것

천천히
더 멀리
가면 되지!

자전거를 타고 가다 배달 오토바이와 부딪혀 사고가 났어요. 저녁 8시 무렵 자전거를 타고 집으로 가는 길. 갑자기 샛길에서 오토바이가 튀어나왔어요. 당시 차도에는 차가 없었어요. 대로에 헤드라이트가 비치지 않으니, 오는 차가 없을 때 차도로 들어가려고 오토바이가 급가속을 했나 봐요. 제 자전거를 보지 못하고 달려온 오토바이가 그대로 들이받았어요. 제 몸이 공중으로 붕 떠오른 순간, 머리에 스친 생각.

'아, 평생 술, 담배, 커피를 멀리하고 운동하고 단식하고 애를 쓴 결과가 고작 이것이란 말인가!'

쿵 하고 떨어졌어요. 멍하니 누워서 밤하늘만 봅니다. '이렇게 허망하게 가는 건가?' 다행히 헬멧을 쓰고 있어 머리는 다치지 않았어요. 의식이 또렷합니다. 저만치 휴대폰으로 촬영을 하는 사람도 보이네요. 이대로 119를 불러 구급차를 타고 병원에 실려 가겠지요. 앳된 얼굴의 청년이 달려와요. 그 표정을 보는 순간, '어라? 저런 표정을 어디선가 본 적이 있는데?' 영화 〈록키〉의 한 장면이 떠올라요.

권투 시합 중, 록키가 다운됩니다. 코치랑 연인이 링 옆으로 달려와요.

"일어나, 록키! 어서 일어나! 넌 일어날 수 있어!"

배달 청년이 제 몸을 부여잡고 묻습니다.

"아저씨, 괜찮으세요?"

그 눈에 담긴 간절한 소망을 읽었어요.

'아, 아저씨, 제발 아무 일도 아닌 듯, 훌훌 털고 일어나 주세요. 괜찮다고 해주세요.'

그 친구의 애절한 눈빛이 내 마음을 움직였어요. 그래, 이제는 몸을 움직여 봐야겠어요. 누워서 악수를 청하듯 손을 내밀었어요. 20대 청년이 의아한 표정으로 봅니다.

"나 좀 일으켜 세워봐요."

청년의 손을 잡고 일어났어요. 일어날 수 있는 걸 보니, 중상은 아니네요. 뼈가 부러진 곳도 없고 찢어져 피가 흐르는 곳도 없어요. 당장 병원에 실려 갈 부상은 아닌가 봐요. 절뚝거리며 걸음을 옮겨보았어요. 걸을만하네요. 안도하는 청년을 보니 보내주자 싶더라고요. 한마디는 덧붙였죠.

"저기요, 밤에는 운전 조심하세요."

절뚝거리며 자전거를 끌고 집으로 돌아왔어요. 그날 밤, 밤새 잠을 못 잤어요. 사지가 아프니, 돌아눕지도 못하고 자다가 나도 모르게 몸을 뒤척이다 악! 하고 깼어요. 병원에 가서 초음파 검사를 받아보니, 허벅지 근육 아래에 혈종이 생겨 신경을 누르니 계속 아픈 거라고요. 주사기로 고인 피를 뽑아냈어요. 근육이완제랑 소염진통제를 처방받아 계속 약을 복용했어요.

3주 정도 지났는데 무릎에 멍이 생겨요. '어라? 다친 부위는 허벅지가 아니었나? 무릎에도 출혈이 있었나?' 의사 선생님께 여쭤보니 허벅지 혈관이 터지면 그 피가 중력의 영향으로 아래로 내려와 무릎에 피멍이 들기도 한다고요. 다행이네요. 무릎 관절을 다친 건 아니라서.

미리 약속한 강의 스케줄을 소화했어요. 평지를 걷는 건 그나마 괜찮은데, 지하철 이용하는 건 좀 불편해요. 체중이 실리는 탓에 계단을 내려가는 게 힘들어요. 몇 번 넘어질 뻔한 뒤로는 엘리베이터와 에스컬레이터를 찾아다닙니다. 아니, 지하철보다 버스를 더 애용하게 됐어요.

어려서는 자전거를 타다 다쳐도 금세 나았는데 나이 오십이 넘어가니 쉽게 아물지 않네요. 통증이 오래갑니다. 자전거는 도로의 약자예요. 차도를 달려야 하는데 차랑 부딪히든 오토바이랑 부딪히든 다치는 건 자전거 쪽이죠. 자전거는 내가 가장 즐겨 타는 이동수단이었어요. 출퇴근길이나 여행, 강의하러 갈 때 자전거로 가면 어쩐지 더 에너지가 차올랐거든요. 이젠 장거리 자전거 여행은 어려울지도 모르겠어요. 이게 나이 들어가는 것을 받아들이는 과정이겠지요.

그런데 생각해 보니 자전거로 갈 수 있는 거리는 한계가 있더라고요. 또 자전거를 타고 가면 걷거나 다른 교통수단을 사용하는 게 조금은 더 번거롭기도 하죠. 자전거를 두고 걸어 나가면 속도야 느리지만 가용할 수 있는 수단이 늘어나니 더 멀리, 더 여기저기 다닐 수 있어요.

인생에서 시련과 좌절은 상수입니다. 내가 아무리 조심해도 갑자기 튀어나오는 오토바이까지 피하기는 쉽지 않지요. 시간이 지나니 고통은 줄어들고 상처는 아물어갑니다. 몸의 고통은 시간이 치유해 주지만 마음의 고통은 생각을 고쳐먹어야 나아져요. 자전거 못 탄다고? 그럼 걷지 뭐.

함박눈
내리던 날에 만난
어느 시각장애인

　피디 시절, 미국 드라마나 일본 드라마를 보다가 가끔 좌절감을 느껴요. 최근에 본 미국 드라마 〈왕좌의 게임〉이 그랬어요. 〈반지의 제왕〉을 볼 때만 해도 '저건 할리우드 영화니까, 뭐.' 했는데 이번엔 '와, 드라마도 영화 뺨치게 잘 만드는구나.' 하고 절망했어요.

　원작 소설을 보면서 또 한 번 좌절했어요. 방대한 양의 원작을 드라마화한 과정이 정말 탁월하더라고요. 원작의 대사나 전개를 충실히 잘 살려내면서 드라마로 옮겼다는 점이 놀랍기만 했어요. 소설을 먼저 보고 드라마를 봤다면 실망했을지 모르나, 나처럼 드라마에 경도된 팬이라면 소설을 보며 각종 장면의 숨겨진 이야기를 찾아내는 재미가 쏠쏠할 겁니다.

《왕좌의 게임》은 전자책으로 읽고 있어요. 어떤 이는 전자책이 종이책 질감을 따라오지 못한다고 하는데, 전자책만의 장점이 있습니다. 복사하기 기능이 있어 읽다 뜻을 모르는 단어를 만나면 카피해서 인터넷 검색창에 붙여넣기를 하면 바로 뜻을 알 수 있죠. 또 멋진 대사를 만나면 바로 메모장에 카피해서 오래오래 그 뜻을 음미하고요. 전자도서관에서 빌린 책 중 다시 보고 싶은 대목은 화면 캡처로 저장해 두기도 하는데, 저는 글씨가 악필이라 노트 필기가 젬병인데 전자책 덕에 살맛, 아니 책 읽을 맛이 배가되어요.

〈왕좌의 게임〉에서 제가 좋아하는 대사는 극 중 난쟁이로 나오는 티리온 라니스터가 존 스노우에게 하는 말이에요. 존 스노우는 스타크 가문의 서자입니다. 영주의 아들이지만 배다른 자식으로 어머니가 누군지도 모르지요. 존은 누가 '배스터드bastard'라고 부르면 발끈해요. '배스터드'라는 욕은 서자, 즉 첩이나 하녀의 자식이란 뜻이에요. 아버지를 아버지라 부르지 못하는 홍길동 같은 서러운 운명을 타고난 존 스노우에게 티리온 라니스터가 이렇게 말해요.

내 충고 하나 하지. 절대 너 자신이 서자라는 걸 잊지 마. 왜냐하면, 세상은 그 사실을 절대 잊지 않을 테니까. 그걸 너의 강점으로 만들어. 그럼 그게 절대 너의 약점이 되진 않을 거야. 그걸로 스스로 무장한다면, 남들이 그걸로 너를 공격할 수 없단다.

강연할 때 종종 내 외모에 대한 자학개그로 사람들을 웃기면, 가끔 "그렇게 못생긴 편이 아닌데 왜 자꾸 그런 농담을 하십니까?"라고 안타까움을 전하는 분들이 있어요. (세상에 진짜 천사가 있다는 걸 그때마다 깨닫죠.) 고등학교 때 내 별명은 베트콩이었어요. 마르고 까맣고 입술이 두꺼운데 심지어 턱에 커다란 화상 흉터까지 있어 생긴 별명이에요. 가뜩이나 예민한 사춘기에 외모 콤플렉스까지 심했으니 늘 주눅이 들었고 그럴수록 아이들의 타깃이 될 수밖에요. 놀림감이 된 내가 화를 내면 낼수록 아이들은 더 재미있어 하더군요. 가장 좋은 대처법은 무시하는 것이지만 그것도 어느 정도의 성숙함이 있어야 해요. 그때는 어린 마음에 너무 힘들었지요.

서울로 대학을 오면서 이제 왕따는 끝났다고 생각했습니다. 외모를 가지고 놀리는 유치한 장난은 이제 끝났구나 싶었는데, 소개팅 나가서 번번이 차이니까 더 근본적인 걱정이 도졌어요. '나 진짜 못생긴 거야?' 자존감을 잃고 기죽은 표정으로 소개팅을 나가니 차이는 횟수가 오히려 늘어갔어요. 누가 나를 대놓고 놀리지 않아도 나 스스로 마음에 품은 상처를 키우고 있었던 거예요. 그때 깨달았어요. '애들이 놀려서 못난 놈이 되는 게 아니라, 그 놀림을 영원히 간직할 때 진짜 못난 놈이 되는구나.' 그즈음부터 생각을 바꿨습니다. '남들이 놀리면 상처가 되지만 스스로 그걸 가지고 놀면 웃음의 소재가 된다. 못생긴 왕따로 불행하게 사느냐, 못생긴 광대로 즐겁게 사느냐. 내 인생을 결정하는 건 남들이 아니라 나다. 못생긴 내 외모, 놀려도 내가 놀릴 거야!'

함박눈이 서울 시내를 뒤덮은 어느 날, 가까운 전철역이 어디냐고 묻는 시각장애인 아저씨를 만났습니다. 마침 그쪽으로 가는 길이기에 전철까지 안내해 드렸어요. 내 한쪽 팔을 잡고 따라오던 아저씨가 물었습니다.

"눈이 많이 오나 봐요?"

"네, 이런 날은 길이 많이 미끄러워 걷기 힘드시죠?"

"미끄러운 건 오히려 괜찮아요. 발바닥의 감각이 예민하거든요. 다만 저는 밝고 어두운 것으로 사물의 형체를 구분하는데, 이렇게 눈이 오면 온 세상이 하얘져서 길을 찾기가 아주 어렵답니다."

"아, 그런 어려움이 있을 줄 생각도 못 했어요."

"그렇다고 못 다닐 건 없죠. 하늘이 참 고마운 게요, 시력을 잃으면 다른 감각이 대신 발달한답니다. 발바닥으로 길을 찾거든요."

앞을 보지 못하는 아저씨의 밝은 표정을 보며 부끄러웠습니다. 몸 불편한 것보다 더 불행한 건 마음 불편한 건데, 우리는 왜 건강한 몸에 걱정을 키우고 살까요? 몸이 불편할지언정 마음이 편안하다면 그보다 더 큰 행복은 없겠지요. 결국 세상만사는 마음먹기 나름이라는 것을 배웠어요.

고통 때문에
마음이
비뚤어지지 않도록

살다 보면 힘든 때가 옵니다. 내 뜻대로 되지 않는 게 인생이니까요. 우리 사회에도 힘들고 아플 때가 있어요. 제게는 세월호 참사가 그랬어요. 뉴스를 보는 게 하루하루 너무 힘들었어요. 자식을 잃은 부모들의 가슴에 대못을 박는 뉴스를 보며 그걸 만드는 방송사에서 일하는 직원이라는 게 끔찍한 형벌 같았죠.

세월호 이후, 한국의 언론은 '기레기'라는 호칭에서 자유로울 수 없어졌어요. 희생자와 유가족, 참사 현장을 지킨 사람들에게 남긴 배신의 기록은 오래도록 낙인처럼 남을 겁니다. 그 시절을 생각하면 '아, 저분이 없었다면 우리 사회는 어땠을까?' 하고 제일 먼저 떠오르는 분이 있어요. 바로 정혜신 선생님입니다.

　선생님과는 작은 인연이 있어요. 2012년 MBC 파업으로 한참 지쳐갈 무렵 응원차 현장에 찾아오셨거든요. 택시 기사님이 선생님을 알아보고 어디 가시냐고 묻기에 MBC 노조 파업 지지 방문 간다고 했더니, 요금을 안 받으셨대요. 당시 선생님 말씀이 파업하던 조합원들에게 얼마나 큰 힘이 되었는지 모릅니다.

　쌍용차 해고자들이 연이은 죽음으로 괴로워할 때, 세월호 유가족들이 힘들어할 때 정혜신 박사님은 그들 곁에 달려가 함께 고통을 나누고 위로합니다. 그 큰 고통을 어떻게 위로할 수 있을까요? 선생님의 책 《죽음이라는 이별 앞에서》(창비)를 읽었습니다. 삶과 죽음은 항상 맞닿아 있습니다. 우리는 영원히 살 것처럼 하루를 살아갑니다. 그러다 문득 찾아온 죽음 앞에 우리의 삶은 속절없이 무너지지요. 그것이 나의 죽음이 아니어도 말입니다. 이럴 때 서로를 지탱해줄 안전망이 필요합니다. 선생님은 '나의 이야기를 들어줄 사람이 한 사람이라도 있으면 자신의 생을 건강하게 건너갈 수 있다.'라고 말합니다.

　선생님은 해소되지 않은 '개인의 분노'가 때로는 사회적 참사를 불러온다고 진단합니다. 대표적인 사례로 대구 지하철 참사를 말합니다. 한 중년 남자가 악화된 건강을 탓하며

'이런 세상은 망해버렸으면 좋겠다.'며 불을 질렀습니다. 고통과 원망이 쌓여서 세상을 부정적으로 바라보게 된 이가 결국 자신은 물론 타인에게 돌이킬 수 없는 끔찍한 해를 끼치고 말았습니다. 그가 자신의 고통을 잘 다스렸다면, 누군가 곁에서 그의 고통을 다독이고 이야기를 들어주었더라면 비극은 일어나지 않았을지도 모릅니다. 선생님은 슬픔과 고통에 압도되지 않고 그것을 직시하며 함께 이야기를 나눌 사람이 단 한 명이라도 있는 것이 사회안전망이라고 합니다.

정혜신 선생님의 말씀처럼, 누군가 고통을 당할 때 모두가 외면하면 그 사람은 괴물이 될 수도 있어요. 달려가 그의 아픔을 나누면 그 사람은 치유자가 될 수도 있지요. 선생님은 세월호 희생자의 친구 이야기를 들려줍니다. 세월호 참사로 친구를 여러 명 잃은 아이였어요. 이 친구가 참사 후 너무 고통스러워서 죽으려고 아파트 옥상에 몇 번이나 올라갔답니다. 그런데 결국엔 죽지 못하고 내려왔대요. 왜 그랬는지 물으니 친구를 잃은 고통이 얼마나 큰지 너무도 잘 알기 때문에 내려올 수밖에 없었다고 해요. 자기가 여기서 떨어져서 죽으면 자기 친구들이 평생 어떤 고통을 겪을지 너무 생생하게 느껴져서 차마 죽을 수 없었다고요.

세월호 참사가 일어난 지 8년 후, 2022년 10월 29일 우리는 또다시 말도 안 되는 사회적 참사를 맞닥뜨렸습니다. 3년

만에 처음 마스크를 벗고 거리에 축제를 즐기러 나온 청년들이 서로의 무게에 짓눌려 목숨을 잃었어요. 월드컵 거리 응원을 하면서, 출퇴근 지하철에서, 촛불집회 현장에서 빽빽한 사람들 사이에 끼어 꼼짝달싹도 하지 못한 경험이 떠오르더군요. 순간 엄습하는 두려움, 그리고 빠져나갈 수 없다는 절망감이 어떤 것인지 생생하게 느껴지자 슬픔과 분노, 고통이 몰려왔어요. 그 고통이 나와 타인을 향한 칼이 되지 않으려면 어떻게 해야 할까요? 나를 아프게 한 공감 능력을 잘 다루어야 해요.

공감은 고통을 겪는 사람의 입장에서 세상을 바라보고 생각하는 겁니다. 그 자체로 가치 있는 것이며 타인을 향한 진심 어린 관심에서 비롯되지요. 무엇을 해도 삶이 나아지지 않을 거라는 무망감에 빠진 나와 우리를 건져 올려주는 것은 진심에서 나온 공감입니다. 물어야 해요. 당신의 마음이 어떤지, 괜찮은지 물어야 합니다. 또 나의 이야기를 나누어요.

고통을 소재로 글을 써봅니다. 언젠가 그 글을 읽는 사람이 '아, 저 사람도 나처럼 힘들었구나.' 하고 공감하고 위로가 되기를 바라는 마음이지요. 고통이 없는 삶이면 좋겠지만 그걸 바랄 수는 없어요. 사는 것은 고통과 함께 가는 길이니까요. 죽음과 삶이 맞닿아 있듯이.

당신도
누군가의
고민거리

드라마를 촬영할 때 피디는 고도의 긴장 상태를 유지해야 해요. 모니터 속 그림에 뭔가 이질적인 장면은 없는지, 화면 귀퉁이에 걸린 조명기나 스태프의 모습은 없는지 살펴요. 배우의 동작이 풀샷과 다르면 편집할 때 튑니다. 미세한 동작 하나하나도 꼼꼼히 맞춰야 하고요. 헤드폰을 통해 들려오는 소리에도 집중합니다. 대사의 톤이나 억양이 어색하지는 않은지 계속 주의를 기울입니다. 노동의 강도와 밀도가 높다 보니 일이 끝나면 허탈감을 넘어 우울해지기도 해요.

6개월 가까이 북적북적 많은 사람과 함께 일하다 드라마가 끝나면 다시 혼자가 됩니다. 한동안은 긴장을 풀고 쉬면서 재충전을 해야 하는 시간인데요. 좀처럼 드라마에서 헤어나지 못하고 남 탓, 내 탓을 하면서 아쉬워하거나 자책하면서 외로워지죠.

술 한잔하며 툭툭 털면 좋겠지만 낯가림이 심한 성격이라 누구를 만나 하소연도 못 하고, 체력이 바닥이라 여행 가는 것도 힘들어요. 이럴 때 역시나 저는 책을 찾습니다. 찾아보면 고민을 상담해 주는 책도 많습니다.《강신주의 다상담》(동녘), 김어준의《건투를 빈다》(푸른숲) 같은 책을 즐겨 읽는데요, 요즘 새롭게 제 마음을 두드리는 고민 상담 선생님이 있어요. 바로 김보통 작가입니다. 〈내 멋대로 고민상담〉이란 웹툰으로 잘 알려진 분이에요. 성격, 진로, 질병, 학업, 연애 등 심각한 고민 사연에 작가는 무심한 듯 툭 대답해요. 그 순간 마음에 반짝! 빛이 드는 느낌이 옵니다.《살아, 눈부시게!》(위즈덤하우스, 2018)에서 자신의 재능 없음을 한탄하는 독자가 김보통 작가에게 물었어요.

"재능이란 무엇이라고 생각하나요?"
"타인의 지속적 노력의 결과를 인정하고 싶지 않을 때 쓰는 말." (77쪽)

확 와닿습니다.

"타고난 사람을 이기려면 어떡해야 할까요?"

"타고났다고 생각하는 사람이 보냈을 고민과 노력의 시간을 우선 인정해야겠지. 그리고 그 사람을 이겨야 내가 행복해지는 것이 아니란 사실도 깨달아야 하고." (81쪽)

드라마 종영 후 알 수 없는 무력감에 가라앉아 지내던 내 모습이 떠올랐어요. 무력감의 원인은 자신에 대한 불만족이었던 겁니다. 김보통 작가는 작가로 인정받기 전 홀로 보낸 시간에 관해 이야기합니다.

나는 아무도 오지 않는 홈페이지를 십 년 동안 운영했는데, 그때의 시간이 지금 큰 힘이 되는 것 같다. 내가 보기 위한 글을 쓰던 시간들. 물론 홈페이지는 지금도 존재하지만 여전히 아무도 오진 않습니다. 그동안 써둔 글은 다 숨겨놓아서 사실 볼 것도 없지만! (82쪽)

김보통 작가가 보낸 10여 년의 시간을 상상해 봤어요. 혼자서 책을 읽고 그림을 그리며 아무도 보지 않는 홈페이지에 꾸준히 글을 올리는 모습. 미욱한 자신에게 실망하고 의심하면서 수시로 찾아드는 외로움들. 그 속에서도 책 읽기와 그림 그리기는 계속했어요. 누구를 위한 시간이 아니라 오직 자신을 위한 시간을 보낸 거죠. 그렇게 지내다 보면 자기 자신을 조금씩 믿게 되고 외로움도 한결 견딜만해지는 거 같아요. 만화가 지망생이 물었어요.

> 스물두 살 만화가 지망생입니다. 졸업은 점점 다가오고, 집에서는 압박 주고… 만화를 그리려고 하면 개연성은 있는지, 등장인물은 매력이 있는지, 그림체는 괜찮은 건지 고민이 되어 힘듭니다. 모든 면에 뛰어난 주변 사람들과 비교하기 시작하면 열등감에 빠져 더 괴롭고요. 그러면서 스스로 열심히 하지 않는 것 같아 괜히 자책하게 됩니다. 따끔한 충고 부탁드립니다. (159쪽)

김보통 작가가 답합니다.

> 그래서 오늘 몇 장 그렸는데?

나이가 들수록 이런저런 불만이 늘어가는 자신의 모습을 깨닫기가 어려워요. 반성보다는 탓을 하죠. 책 첫 장을 펼치니 작가님이 죽비를 칩니다.

> 하지만 당신도 누군가의 고민거리!

맞아요. 우리는 모두 비슷한 고민을 하고 비슷한 감정을 느끼며 살아가요. 나 자신, 그리고 타인에 대해 조금 더 너그러워지면 좋겠어요. 책 속 귀여운 만화 캐릭터들이 웃으며 하는 말들이 마음을 콕콕 찌르네요. 늘 느끼지만, 김보통 작가는 보통이 아니에요.

피아노와 변기,
다르게 사는
기쁨

대학교에서 피아노를 전공하고 대학원에서 연극을 전공하고 배우로 활동하다 희곡작가로 등단한 분이 있어요. 막상 나이 오십이 넘어가니 일자리를 구하기가 쉽지 않아요.

"예술 하시던 분이라 이런 험한 일 못 하실 것 같은데요."

높은 학력이 외려 발목을 잡습니다. 번번이 구직에 실패하자 최종 학력을 고졸로 고쳐 쓰고 미화원으로 취직합니다. 그 경험을 쓴 책이 《딱 일 년만 청소하겠습니다》(최성연, 위즈덤하우스, 2020)입니다.

어려서부터 다재다능했던 최성연 선생님은 젊은 시절 내내 음악, 공연, 문학 분야에서 다양한 필모그래피를 쌓아왔어요. 하지만 나이 오십이 되어보니 기대와 달리 인생은 뜻대로 풀리지 않았죠. 지금까지 한 번도 안 해본 일을 시도하면 삶이 달라지지 않을까? 선생님은 평생 해온 예술 활동에 '여기까지'라고 금을 긋고 일 년 동안 몸을 쓰는 청소 일을 하기로 결정합니다. 학벌을 지우고 어렵사리 구직에 성공해 청소노동자로 세상을 쓸고 닦으며 겪은 웃픈 이야기들이 펼쳐집니다. 그러나 선생님은 몸을 쓰는 일에서 보람을 느껴요.

> 영업사원이 고객 다섯 명을 만난다고 다섯 번 모두 판매가 이루어진다는 보장은 없지만, 청소노동자가 변기 다섯 개를 닦으면 변기 다섯 개가 모두 깨끗해진다. 이렇게 명확한 일이 또 어디 있을까? 나에게는 이 점이 청소 일의 가장 큰 매력이었다. *(28쪽)*

저는 집에서는 안경을 끼지 않고 생활합니다. 노안이 와서 가까운 거리는 안경을 끼지 않는 게 편하거든요. 하지만 청소기를 돌릴 땐 다릅니다. 안경을 껴야 바닥의 티끌이나 머리카락이 눈에 띕니다. 지저분한 바닥을 청소기로 밀며 바닥이 싹 깨끗해질 때 쾌감이 있어요. 노동의 결과가 눈으로 보이기에 보람이 있지요.

호텔 청소하시는 분이 그러더군요. 호텔의 상품은 '깨끗한 방'입니다. 손님이 퇴실한 후 방을 청소하는 건 새로운 상품을 제조하는 일이지요. '나의 노동으로 새로운 상품을 만든다.' 호텔에서 청소하시는 분이 자신의 업을 이렇게 정의하는 걸 보고 감탄했어요.

변기 다섯 개를 닦으면 정확히 변기 다섯 개가 깨끗해지는 건 맞습니다. 하지만 아주 잠깐이죠. 힘들여 솔로 문지르고 수건으로 닦아서 반짝반짝 윤이 나도록 청소하자마자 누군가 이용하고, 드넓은 로비를 얼룩과 먼지 하나 없이 말끔히 닦고 뒤돌아서면 금세 누군가의 흙 발자국이 도장처럼 선명하게 찍혀있을 때가 허다합니다. 어느 순간 최성연 선생님은 자가당착에 빠져요. 아트센터를 청소하는 이유는 사람들이 이곳을 찾고 더 나아가 많은 사람이 이곳을 방문하도록 하기 위해서인데 청소를 열심히 하면 할수록 사람들이 오는 게 싫어졌다고요.

그렇게 한동안 혼자서 아무 죄도 없는 사람들을 미워하다가 문득 정신을 차렸다. 엉뚱한 데에 집착하고 있는 내 모습이 보였다. '청소는 사물을 깨끗하게 하는 일이 아니라 사람에게 봉사하는 일인데….' 내가 변기를 닦는 건 변기를 위해서가 아니라 사람을 위해서라는 사실을 나는 다시금 상기했다. 새하얗게 빛나는 세면대를 보며 뿌듯해할 것이 아니라, 급한 볼일을 보러 들어가는 사람들, 더러워진 손을 씻고 나

오는 사람들을 보며 뿌듯해하자고 그렇게 마음을 쓰자고 거듭 나 자신을 타일렀다. (29쪽)

드라마 촬영 현장에서 일이 뜻대로 풀리지 않으면 조연출이나 다른 제작진에게 분풀이를 할 때가 있는데요. 지나고 나면 무척 부끄러워집니다. 제가 드라마를 만드는 건 사람들에게 즐거움을 주기 위해서예요. 내 눈에 보이지 않는 시청자에게 즐거움을 주기 위해 바로 내 옆에 있는 제작진들에게 괴로움을 주는 건 주객전도잖아요. '현장이 즐거워야 방송도 즐겁다.'라고 나름의 연출 철학을 가지고 일했지만 매 순간 실천하기가 쉽지 않아요. 속에서 화가 버럭버럭 올라올 때도 있거든요. 내가 얼마나 약한 사람인지 또 부족한 사람인지 아니까 책을 읽으며 마음을 다스리고 조금이나마 훌륭한 생각을 접하며 살고 싶었어요. 최성연 선생님은 '마음을 담아야 몸도 제대로 움직인다.'고 말합니다.

오랫동안 청소 노동을 했던 미화원 언니들은 이미 마음을 써서 일하는 법을 터득하고 있었다. 몸으로 하는 일에 마음을 함께 쓰지 않으면 일이 제대로 되지 않는다는 걸 몸소 겪으며 깨달았을 것이다. 언니들은 청소를 '한다'기보다는 '해준다'고 여긴다. 공간과 그 공간을 사용하는 사람들을 돌본다는 마음이 있다. 배운 것도 없고 기술도 없으니 청소밖에 더 하겠냐는 푸념으로 무겁게 몸을 일으키는 게 아니라, "으이구, 내가 안 치워주면 꼴이 뭐가 되겠어?" 하며 냉큼 일어선다. (30쪽)

마음이 움직이지 않으면 몸이 따라주지 않습니다. 하기 싫은 일을 억지로 하는 것보다 괴로운 것도 없죠. 이럴 땐 하기 싫어하는 내 마음을 들여다보고 그 마음을 이겨내야 해요. '내가 아니면 누가 하겠어?' 업의 본질이 그래요. 각자의 자리에서 맡은 일을 다 해내는 것이 세상을 조금씩 바꿉니다. 내 노력으로 세상이 어떻게 바뀌는지 인지한다면 거기서 일의 보람을 느낄 수 있지 않을까요?

나이 오십 넘어 삶의 기로에 선 사람들은 인생을 어떻게 살 것인가를 깊이 생각하게 됩니다. 삶의 태도에 대해 많은 것을 생각하게 해주는 최성연 선생님의 이야기는 새로운 도전을 이어갈 분들에게 응원이 될 겁니다. 저도 덕분에 한 발짝 움직일 힘을 얻었거든요.

자주
그리고 많이
웃는 게 성공

　정년퇴직한 어느 선배를 만났는데 퇴사 후 6개월 사이
에 몸무게가 많이 빠져 혹시 어디 아픈 게 아닌가 싶었어요.
그 선배 왈 "실은 우울증으로 불면증이 심하게 와서 제대로
자지를 못 해서 그래." 정년퇴직 후 우울증에 시달리는 사람
이 많습니다. 특히 MBC처럼 큰 회사에서 잘나가던 사람일
수록 더 그렇죠. 방송사에서 기자로 일할 때는 취재처에서
받들어 주고 피디로 일하면 제작사에서 모십니다. 하지만 퇴
사하면 불러주는 이가 없어요. 점심 한 끼를 밖에서 해결하
려 해도 누구에게 연락해야 할지 난감합니다.
　코로나가 상황을 더 어렵게 만들었어요. 저만 해도 24년
을 다닌 회사를 나오는데 사회적 거리두기 단계가 격상되어

환송연조차 없었습니다. 때가 때이니만큼 수없이 적립해 둔 '밥 한번 먹자.' 하기도 그렇고 수고했다며 위로주를 권하는 이도 없었어요. 그래서 혼자 매일 양재천을 걷고 자전거로 한강을 달렸습니다. 불러주는 사람이 없으니 정말 외롭더군요. 코로나 상황이 나아지길 저만큼 갈구한 사람도 없을 거예요. 외로움이 괴로움이 되기 전에 즐거운 모임을 만들고 싶었어요. 누가 나를 불러주지 않을 때는 내가 사람들을 불러 모아야죠.

아버지는 정년퇴직 후 매일 바둑을 두며 시간을 보내십니다. 하루는 저를 보며 혀를 끌끌 차셨어요. "너는 바둑을 둘 줄 모르니 은퇴하고 심심해서 어떻게 살래?" 바둑은 할아버지들의 주된 취미 활동이죠. 저는 할아버지들이 많은 공간보다는 할머니들이 많은 곳에서 시간을 보내고 싶습니다.

70대 할머니들이 마을회관에 모여 한글 공부하는 모습을 담은 영화 〈칠곡 가시나들〉을 연출한 김재환 감독이 쓴 책 《오지게 재밌게 나이듦》(북하우스)을 보면 이런 구절이 나옵니다.

할아버지들과 할머니들의 공간을 지켜보면서 한 가지 분명한 차이를 느낄 수 있었어요. 바로 웃음입니다. 마치 할머니들은 살짝 스쳐도 까르르하고, 할아버지들은 톡 건드리면 버럭 할 준비가 된 것처럼 보였습니다. 할머니들의 마을회관에는 별일 없어도 웃음이 넘치고, 할아버지들의 막걸리 가게에는 온갖 '썰전'으로 화가 넘쳐요.

자주 그리고 많이 웃는 게 성공적인 인생입니다. 웃겨서 웃는 게 아니에요. 웃다 보면 재미가 생깁니다. 아무리 웃기는 시트콤도 웃음 더빙을 빼고 보면 재미가 없어요. 누가 옆에서 웃어줘야 나도 웃게 되거든요. 저는 노후에 정치 이야기를 하며 화를 내는 할아버지들보다 같이 취미 생활을 즐기는 할머니들과 어울리고 싶습니다.

남녀노소 모두가 즐길 수 있는 취미는 무엇일까 고민하다 찾은 게 보드게임입니다. 사회적 거리두기가 완화되자마자 대학 동아리 후배들 중 평일에 시간이 되는 이들이 보드게임 카페에서 모였어요. '할리갈리'나 '루미큐브'처럼 이미 알고 있는 게임도 하고 직원의 추천으로 '카탄'이나 '도블'처럼 생소한 게임에도 도전했습니다. 강남역 근처 보드게임 카페는 주말에 젊은 사람들로 붐비는데요. 평일 오후에 모이니 한적하고 좋았어요. 남들 일할 때 노는 것, 이게 바로 은퇴후 누리는 자유의 맛인가요.

그날 보드게임을 처음 접해본 후배는 '루미큐브'를 아예

사버렸어요. 코로나로 어디 가지도 못하고 답답해하던 초등학생 딸이 아빠와 보드게임을 하며 시간을 보내니 주말이 훌쩍 지나간다고요. 요즘에는 보드게임 카페에 가는 대신 풍광이 멋진 카페에서 모입니다. 집에 있는 보드게임을 가져와 함께 즐기는 거죠. 게임의 승부가 가려질 때마다 전적을 기록합니다. 최종 우승자는 그날의 회비에서 5,000원을 감하고 꼴찌는 5,000원을 더 냅니다.

〈칠곡 가시나들〉을 보면 할머니들도 아침부터 마을회관에 모여 화투를 치십니다. 맥심 모카골드 커피를 사이좋게 나눠 드시고 하루를 시작하는데요. 한글을 배우고 시를 짓습니다.

고맙다 화투야
오백 원만 있으마 하루 종일 즐겁다
니가 영감보다 낫다

– 박금분 〈화투〉 중에서

평일 오후 한가한 카페에 모여 대학 시절의 추억을 나누고 주사위를 던지고 카드를 돌리는데요. 웃음꽃이 만개한 가운데 치열한 승부가 펼쳐집니다. 대학 시절의 추억을 공유한 이들과 보드게임을 즐기며 나이 들어도 좋구나 했어요.

아버지, 저 바둑은 둘 줄 몰라도 친구들과 잘 놀아요. 제 노후는 걱정하지 마세요.

"나쁘지 않네."
라고 기대하면
뭐든 할 수 있지

피디, 유튜버, 블로거, 작가, 칼럼니스트 5가지 직업을 가진 N잡러로 살다 일을 그만두며 가장 두려운 것은 시간을 어떻게 보내느냐였어요. 조직을 떠나는 게 세상에서 나의 쓸모를 잃어버리는 일이라 생각하면 우울합니다. 생각을 뒤집어 봐요. 이제부터 나는 세상이 내게 시키는 일이 아니라 오로지 내가 하고 싶은 일만 한다! 내 인생에 남은 날은 전부 휴가! 하루 휴가를 얻으면 읽고 싶은 책을 읽고, 사흘 휴가를 얻으면 걷고 싶은 길을 걷고, 한 달 휴가를 얻으면 가고 싶은 나라에 갔던 나. 만약 남은 평생이 휴가라면? 독서와 여행만으로는 채울 수 없는 기나긴 시간이 생깁니다. 늘 도전하고 싶었지만 바빠서 미뤄둔 일을 찾아 나설 시간이지요.

치매 예방을 위해 중년이 되면 새로운 악기를 배우는 게 좋다는 글을 책에서 읽은 적이 있어요. 어려서 한 번도 다뤄 보지 않은 악기를 배우는 과정에서 뇌에 긴장과 활력을 더해준다고요. 딸과 함께 플루트를 배웠어요. 레슨을 받으며 한참 소리 내는 재미에 빠져들던 때, 녹내장 진단을 받았습니다. 녹내장은 안압이 높아지며 시신경 손상이 오는 병이에요. 안압을 높이는 활동을 삼가야 하는데 그중 하나가 입으로 부는 악기 연주였습니다. 눈물을 머금고 플루트 연주를 접었습니다.

입으로 부는 악기가 안 된다면 손으로 치는 악기는 어떨까? 어릴 때 배운 피아노가 생각났습니다. 틀릴 때마다 건반을 잘못 누른 손가락을 나무 자로 때리는 엄한 선생님을 만나 재미를 느끼지는 못했어요. 지금이라면 선생님께 혼나지 않고 배울 수 있겠다는 생각이 듭니다. 코로나로 학원 수강이 힘들어지자 유튜브로 새로운 악기를 배우는 사람들이 많아졌어요. 검색해 보니 성인 기초반 피아노 레슨 영상이 수두룩합니다. 동영상을 보며 딸들이 치던 피아노로 연습을 시작했습니다.

명퇴하고 나니 가끔 우울해집니다. 스타 피디를 꿈꿨으나 유배지에서 직장생활의 말년을 보냈고 SNS로 소통하는 작가가 되기를 바랐으나 온 국민의 지탄을 받는 '개저씨'가

되어버렸어요. 가만히 있으면 머릿속에 후회와 자책 등 오만 가지 생각이 다 떠오르는데, 피아노를 치면 그럴 일이 없어요. 잠깐만 딴생각을 해도 '삑사리'가 나거든요. 피아노를 배우는 초보는 무조건 열 손가락과 눈앞에 줄지어 선 수십 개의 건반에 집중해야 합니다. 피아노 연습은 몰입의 즐거움을 안겨줍니다.

유튜브에 검색해 보니 《Alfred's Basic Adult Piano Course알프레드 기초 성인 피아노 과정》라는 영어 원서 교재를 기반으로 만든 동영상이 많았어요. 〈Lightly Row〉라고 소개된 곡을 쳐보니 〈나비야 나비야〉였고요. 〈Merrily We Roll Along〉을 쳐보니 〈떴다 떴다 비행기〉였어요. 익숙한 노래부터 조금씩 배워나갔습니다.

피아노를 쳐보니 열 손가락 중 유독 더딘 아이들이 있어요. 엄지는 오므리는 동작은 잘하지만 아래로 내려치는 동작은 서툽니다. 넷째 손가락은 독립적으로 잘 움직이지 못했고 새끼손가락은 힘이 약해 보기만 해도 애처로운데 의외로 많이 쓰는 손가락이네요. 초보자에게 피아노 연습은 음악 수업이라기보다 체육 훈련에 가깝습니다. 오른손 왼손 균등하게 근력을 키워야 하고 근육 운동하듯이 매일 열 손가락의 움직임을 단련해야 하거든요.

오른손 한 손으로 멜로디만 칠 때는 괜찮았는데 왼손으

로 코드 반주를 시작하자 난이도가 확 올랐습니다. 세 손가락을 동시에 눌러서 하나의 화음을 내는데 손가락마다 내려치는 속도와 강도가 달라 소리가 엉성했어요. 오른발 페달링을 시작하니 더욱 어려웠습니다. 댐퍼 페달을 반 박자 늦게 밟는 바람에 아르페지오의 첫 번째 음은 빠지기 일쑤였죠. 불협화음이 주위를 가득 채웠습니다.

제가 열심히 연습할수록 가족들은 엉터리 연주에 괴로워졌죠. 층간 소음도 걱정되고요. 결국 디지털 키보드를 샀습니다. 헤드폰을 쓰고 건반을 두드리면 나에게만 소리가 들려요. 아무리 엉성한 연주여도 치는 나는 괴롭지 않아요. 남이 들으면 어제나 오늘이나 똑같은 불협화음이지만 나는 분명 차이를 느끼거든요. 조금씩 조금씩 나아지는 데서 성장의 기쁨을 느낍니다.

매일 한 시간씩 꾸준히 연습하자 조금씩 나아졌어요. 오늘 나는 어제의 내가 모르던 곡을 연주하고 있어요. 틀리고 또 틀려도 같은 곡을 몇 날 며칠 계속 연습하면 언젠가는 틀리지 않는 날이 옵니다. 치고 싶은 곡이 생기면 악기 연주가 더 재밌어집니다. 내가 좋아하는 곡 <성자들의 행진> 악보를 완전히 외워 한 번도 틀리지 않고 끝까지 연주했을 때, 나도 모르게 양팔을 번쩍 하늘로 치켜들었습니다. 마치 세계 챔피언을 먹은 권투 선수처럼!

유튜브 레슨의 가장 큰 장점은 인내심 깊은 선생님이죠. 제가 아무리 엉망으로 쳐도 스마트폰 속 선생님은 항상 웃으며 "네, 잘하고 있어요. 그렇게 계속 반복하면 됩니다." 하고 미소를 짓습니다. 동영상을 틀어놓고 연습하니까 선생님의 아름다운 연주 소리가 마치 내 것인 양 느껴집니다. 유난히 어려운 대목은 반복 재생을 통해 몇 번씩 다시 연습하고요. 유튜브 선생님은 피로를 모르십니다. 먼저 지치는 건 늘 나예요. 하다 질리면 언제든 레슨을 중단하고 휴대폰으로 퍼즐 게임을 합니다. 놀 때 선생님 눈치를 볼 일도 없어요.

일주일에 한 곡씩 새로운 곡을 익히고 악보를 다 외워 책을 보지 않고도 칠 수 있게 되면 양팔을 번쩍 들어 나만의 자축 공연을 합니다. 좋아하는 곡은 반드시 암보를 해요. 녹내장을 앓는 나는 언젠가 시력을 잃는 날이 와도 피아노를 연주하고 싶거든요. 은퇴 후 무엇을 할지 고민하던 시기에는 더 나빠지지만 않았으면 좋겠다 했어요. "좋아!"가 아니라 "나쁘지 않네." 정도만 되길 기대한 거죠. 그런데 새로운 악기를 배우면서 매일매일 성장하는 기쁨을 느낍니다. 뭐든 배워야 합니다. 나쁘지 않은 게 아니라 정말 좋거든요!

줌바가 말했다,
자신을
너그럽게 대하라고

건강검진을 했습니다. 나이 오십이 넘어가니 검진을 할 때마다 숙제 검사를 받는 기분이에요. 조마조마한 마음으로 결과지를 펼쳤는데 뭔가 빼곡하게 지적 사항이 많네요. 40대 초반만 해도 종합 소견 칸은 하얀 백지였는데 말이죠. 술, 담배, 커피를 멀리하고 운동을 열심히 하지만 나이 먹는 건 어쩔 수 없나 봐요. 내장 비만에 복부 비만도 있고요. 무엇보다 체성분 측정 결과 근육량이 '적정 이하'라고 떠서 놀랐어요. 자전거도 타고 산에도 오르는데 근육량은 부족한가 봐요.

《근육이 연금보다 강하다》(김헌경, 비타북스)라는 책을 보면 고령기의 건강은 질병의 유무로 나뉘는 게 아니래요. 질병을 가지고 있어도 자신의 일상생활을 독립적으로 해나갈 수 있어야 합니다. 우린 무병장수를 꿈꾸지만 현실은 유병장수의 시대입니다. 즉 노후의 건강은 질병의 예방이나 치료가 아니라 일상생활의 자립에 필요한 근력이나 보행 기능 향상에 초점을 맞춰야 한다는 거예요. 이를 위해서는 꾸준히 근육을 단련시켜야 합니다.

건강검진 결과지를 받은 다음 날 바로 피트니스 클럽에 등록했어요. 운동 지도를 받고 열심히 근력 운동을 하니 온몸 구석구석이 쓰리고 결리고 아프고 난리가 납니다. 안 하던 헬스를 갑자기 해서 그런가 봐요. 이럴 땐 며칠 쉬어야 한다고 해요. 근력 운동이 힘들다면 유산소 운동이라도 해야 하는데 뭘 할까? 그때 헬스장 안내 데스크의 GX프로그램이 눈에 띄었어요. 줌바 댄스 수업이 있네요.

어려서부터 저는 춤추는 걸 참 좋아했어요. 소싯적에는 클럽 죽돌이였는데 언젠가부터 춤을 출 기회가 줄어들더군요. 닌텐도 스위치를 사서 '저스트 댄스'라는 동작 인식 게임을 플레이하며 화면에 나오는 댄서의 움직임에 따라 양팔을 흔들고 다리를 힘차게 들어 올립니다. 80년대 디스코 음악으로 플레이리스트를 만들어 20분 정도 신나게 춤을 추고 나면 온몸에 땀이 쫙 흐르지만 여럿이 즐겁게 추는 춤의 흥겨움을 완전히 재연하기란 어렵더라고요. 아, 하고 싶다, 줌바 댄스.

근데 살짝 고민이 됩니다. 아저씨가 줌바를 해도 괜찮을까요? 줌바의 어감이 왠지 '아줌마'를 떠올려서요. 사실 '줌바Zumba'는 영어입니다. 미국에서 인기를 끈 유산소 댄스 운동 프로그램이에요. 춤을 좋아하고 운동을 원하는 남녀노소 누구나 할 수 있어요. 물론 제가 간 줌바 수업에 남자는 아무도 없었어요. 동작을 하나도 몰라 첫날엔 제대로 허우적거렸지요. 괜찮아요. 시간은 많으니 꾸준히 하면 늘겠지요. 일단 강사님의 발만 보고 스텝부터 익히려고 했죠. 여럿이 줄을 지어 추는 춤은 스텝만 따라가도 다른 사람과 부딪히는 민폐는 피할 수 있거든요. 발걸음부터 익힌 후 팔 동작을 따라 합니다. 너무 헤매니까 처음엔 민망한데요. 다들 거울 속 강사님의 동작을 따라 하느라 다른 사람 쳐다볼 겨를은 없는 거 같아요. 스텝을 계속 밟다 보니 부끄러움은 슬그머니 사라지고 어느새 춤의 흥겨움에 빠져드네요. 아, 줌바! 재밌구나!!!

정신없이 몸을 흔들며 춤을 추다 불쑥 그런 생각이 듭니다. 아마 줌바를 배우는 50대 남자는 나밖에 없겠지? 이런 게 고독인가? 《인생을 바꾸는 세 가지 프로페셔널 시점》에서 저자가 가장 먼저 바꾸라고 하는 건 자신에 대한 관점이에요. 스스로를 더 너그럽게 대해주고 자신의 잠재력을 믿으라고요. 절실함은 최고의 무기라고 말하는데요. 저는 춤에

몹시 진심입니다. 줌바를 계속 배우고 싶어요. 그렇다면 나는 자신을 바라보는 시선부터 바꿔야 해요. 나는 줌바를 하는 이상한 아재가 아니라 줌바도 하는 용감한 남자라고.

하고 싶은 일이 있다면 언제든 도전하는 사람. 타인의 시선보다 자신의 즐거움을 우선시하는 사람. 튀는 걸 두려워하지 않는 독특한 사람! 나 자신에 대한 관점이 바뀝니다. 나는 그동안 고독한 삶을 산 게 아니라 용감한 삶을 살았구나! 이제 아재도 흥겹게 춤을 추러 다닙니다. 즐거우니까 춤을 추는 게 아니라 춤을 추니까 즐거운 겁니다.

춤 솜씨가 조금씩 꾸준히 나아지는 게 요즘 제 행복의 원천입니다. 틈만 나면 유튜브 영상을 틀어놓고 신나는 음악에 맞춰 방구석에서 흥겹게 춤을 춥니다. 돈 한 푼 들지 않고 혼자서도 언제 어디서나 춤을 출 수 있어 즐겁습니다. 역시 행복은 강도가 아니라 빈도입니다. 나이 쉰다섯에 새로운 꿈이 생겼어요. 퇴직한 남자들로 이루어진 줌바 댄스팀을 만들어 전국에 있는 줌바 동호인들의 행사를 찾아다니며 공연을 하고 싶어요. 지역 축제나 시골 오일장 무대에 올라 50, 60대 아재들로 이루어진 춤꾼의 공연을 펼치는 것. 줌바에 빠진 제가 요즘 품고 있는 꿈입니다.

삶이란,
각자의 서프보드에서
파도를 타는 것

나이 오십에 공부가 성장하는 기쁨이라면 꾸준한 운동은 퇴보를 막으려는 몸부림입니다. 2020년 12월 31일부로 명예퇴직하고 2021년 1월 1일부터 하루도 빼지 않고 운동을 했습니다. 회사에 다닐 때는 바빠서 운동을 빼먹는 날도 많았어요. 드라마 촬영할 때는 잠잘 시간도 부족해 운동은 언감생심이었죠. 은퇴한 후에는 매일 출근하는 기분으로 운동을 다녔습니다. 상암동 회사 근처에서 약속이 있을 때는 월드컵공원을 걸었고요. 출판사 관계자를 만나러 홍대에 간 날은 경의선 철길을 걷고 시내에 약속이 있으면 한양도성 순례길을 걸었습니다.

《근육이 연금보다 강하다》에서 일본의 근육 박사 김헌

경 선생님은 "운동運動은 운運을 바꾸는 움직임[動]이다. 노년기의 운을 바꾸고 싶다면 몸을 움직여야 한다."라고 하면서 이렇게 말해요.

> 퇴직 후에는 '건강 만들기' 또는 '건강 지키기'라는 새로운 직장에 취직을 했다고 생각하세요. 직장에 다닐 때는 비가 오나, 눈이 오나 매일 일을 하지 않았습니까? 운동을 퇴직 후 새로 얻은 일이라고 생각하시고 매일매일 하세요.

출근하듯이 매일 운동을 했습니다. 탁구도 배우고 줌바 댄스도 새로 시작했어요. 미세먼지가 심할 때는 헬스클럽에서 운동을 하고 코로나가 심할 때는 집에서 닌텐도 게임기로 운동을 했습니다. 닌텐도 스위치 타이틀 중에 '링피트'라는 게임이 있는데 동작 인식 센서를 이용한 게임이라 15분만 플레이해도 온몸에 땀이 나고 숨이 가빠져요. 특히 근력 운동 중심이라 뻐근하게 근육을 키워주는 성취감도 있습니다. 저녁에는 혼자 거실에서 불을 끄고 신나게 춤을 췄어요.

늘 하는 운동도 좋지만 은퇴와 함께 새로운 운동에 도전하기도 합니다. 쉰넷의 나이에 서핑을 배워야겠다고 결심했어요. 4월 제주 중문 해변에서 강습을 받고, 5월에는 부산 송정 해변에서 파도를 타고, 7월에는 강원도 양양에서 서핑을 했습니다. 서핑은 만만한 운동이 아니에요. 파도가 닥치는 타이밍을 정확하게 잡아내는 것도, 미끄러운 보드 위에서 균형을 잡는 것도, 다른 서퍼와 충돌을 피하기 위해 방향을 조정하는 것도 매 순간 엄청난 집중력을 요해요.

첫날 강사님이 뒤에서 잡고 밀어줄 때는 어찌어찌 서서 탔어요. 혼자 연습한 둘째 날부터 며칠 동안은 보드 위에 제대로 서지도 못했습니다. 게다가 5월에도 바닷물은 어찌 그리 차고 송정 해변의 파도는 어찌 그리도 거세게 몰아치는지. 파도를 거슬러 서프보드를 밀고 나아가는 게 너무 힘들었어요. 보드가 뒤집히며 수없이 물속에 곤두박질칠 때마다 짠 바닷물을 실컷 먹었습니다. 바닥의 모래에 쓸려 발등에 상처가 나는 바람에 한동안 걸을 때마다 절름거리기도 했고요.

젊은 세대가 서핑을 좋아하는 이유가 궁금했어요. 서핑을 배워보니 참 재미있는 스포츠예요. 골프는 타수 줄이기로 경쟁을 하고 달리기는 기록으로 경쟁을 하고 축구는 상대 팀과 승부를 겨룹니다. 서핑은 경쟁이 없고 기록도 없고 승패도 갈리지 않아요. 각자 자신의 파도를 타며 순간을 즐길 뿐이죠.

그렇다면 저는 왜 서핑을 할까요? 수없이 자빠지고 곤두박질치고 물을 먹어도 다시 일어나요. 그게 꼭 제 인생 같아서 몇 번 넘어졌다고 포기를 못 하겠더라고요. 이번에는 넘어지지 않기를 기대하지 않아요. 또 넘어져도 얼른 일어나면 된다는 마음으로 보드를 밀고 바다 가운데로 나아갑니다. 서핑할 때 파도에 올라타려면 거센 물결이 닥치기 전에 미리 속도를 올려야 합니다. 보드에 엎드려서 기다리다 저 멀리 하얗게 파도가 부서지며 물결이 시작되는 게 보이면 양팔을 노처럼 저어 패들링을 합니다. 그냥 정지 상태로 있거나 가속이 붙지 않았을 때 물결은 그냥 보드 아래로 쓱 지나쳐버립니다. 파도가 올 때 나도 속도를 내어 달리고 있다가 파도가 온 순간 양팔로 온몸을 밀어내며 순간적으로 발딱 서서 무게중심을 잡아야 해요. 변화의 물결에 제대로 올라타 앞으로 나아가기 위해서는 일단 열심히 패들링을 해 나의 속도를 올리는 것, 서핑에서 인생을 배웁니다.

오늘은
어떤 파도를
타게 될까

국민연금에서는 퇴직 후 40~50년을 어떻게 버텨야 할지 걱정하는 퇴직예정자를 위해 노후준비 서비스를 제공하고 있어요. 노후준비에 필요한 건강(가중치 46.8%), 재무(33.5%), 대인관계(11.7%), 여가활동(8%) 네 개 영역의 점수를 진단해 부족한 항목에 맞춤형 대책을 제시해 줍니다. 그 결과표를 보면 지금까지 살아온 50년의 성적표를 받은 기분이에요. 성적표가 나쁘지 않아서 내심 '다행이다!' 하며 은퇴를 하면 하려고 마음먹었던 꿈을 떠올렸지요.

"여러분은 대한민국 역사상 가장 불행한 은퇴자들입니다."

2020년 말 명예퇴직을 선택한 제게 국민연금공단 강사가 말했습니다.

"퇴사자들은 퇴직금과 자유로운 시간을 얻었으니 평생의 로망을 실천하죠. 크루즈를 타거나 산티아고를 걷거나 유럽여행을 떠나거나. 코로나가 터져 해외여행이 봉쇄되었으니 여러분은 참 불운한 은퇴자인 겁니다."

30년간 직장생활을 하면서 오래전부터 품어온 꿈이 있었어요. 은퇴를 하면 1년간 세계 일주를 하며 안식년gab year을 갖는 거였죠. 그런데 그 꿈이 끝 모를 코로나에 턱 발목 잡혔으니 어떡하죠?

가장 먼저 떠오른 건 제주도였습니다. 퇴사하고 그다음 주에 혼자 제주도에 가서 올레길을 걷고 한라산에 올랐습니다. 눈 덮인 한라산의 모습은 절경이었어요. 등잔 밑이 어둡다더니 안나푸르나와 파타고니아 좋은 줄만 알았지, 우리나라에도 이런 멋진 설경이 있는 줄은 몰랐거든요. 수년 만에 제주에 내린 폭설로 공항이 마비되고 서울로 돌아오는 하늘길이 끊겼지만 괜찮아요. 나는 은퇴자니까요.

아침을 해결하려 식당에 들렀더니 사장님이 말을 걸어요.

"여행 오셨나 봐요?"

"네, 제주도는 날씨 좋은 봄가을에만 왔지 한겨울에 온 건 처음인데요. 1월의 제주도 참 좋네요."

"제가요, 뭍에서 제주 온 지 5년 되었는데요. 여기서 살아보니까 제주도는 1년 열두 달 다 좋아요.”

　사장님 말씀에 문득 가슴이 뛰었어요. 1년 내내 좋은 제주, 매달 한 번씩 오면 어떨까? 그래서 ‘1년 열두 달 제주’가 은퇴 후 첫 버킷리스트가 되었어요. 1월엔 성산포, 2월엔 서귀포, 3월엔 모슬포에 갔어요. 한 곳에서 사나흘씩 묵으며 숙소 근처 올레길을 걸었습니다. 2016년 가을에 자전거로 제주도 일주를 한 적이 있는데 게스트하우스 사장님이 다음에는 스쿠터 여행을 해보라고 권하더군요. 그래서 4월에는 스쿠터를 빌려 제주도를 한 바퀴 돌았지요. 자전거 여행도 좋지만 스쿠터 일주도 재밌었어요. 이럴 땐 귀가 얇은 게 도움이 되네요.

　1월 둘째 주에는 설악산 설경을 보러 속초에 갔어요. 기상 악화로 대청봉은 못 오르고 울산바위까지만 갔습니다. 다음 날 속초에서 양양까지 바닷가 산책로인 해파랑길을 걸었습니다. 양양해변을 지나는데 한겨울에도 서핑하는 사람들이 있더군요. 혹한의 추위가 몰아닥친 1월의 강원도에서 파도타기를 하다니!

　“아이고 야야, 날도 추운데!” 한겨울에 짧은 미니스커트를 입은 여성을 보고 이렇게 말하면 나이 든 거고 “와, 저 치마 예쁜데? 어디서 산 걸까?” 하면 청춘이래요. 저도 얼른 생각을 고쳐먹었어요. 도대체 저 서핑이라는 게 얼마나 재미있기에 1월 한겨울에 동해 바다에 뛰어들게 만드는 걸까? 그래서 쉰넷의 나이에 서핑을 배우기 시작했습니다.

"사표를 낼 때 두렵지는 않았나요?"

누가 물었어요. 두려웠죠. 하지만 마음을 고쳐먹고 정년보다 7년 일찍 은퇴하면 7년간의 휴가를 얻게 된 거라며 주문을 외웠죠. 읽고 싶은 책도 많고 걷고 싶은 길도 많고 하고 싶은 일도 많은 내게 7년이란 시간은 스스로에게 줄 수 있는 최고의 선물이니까요.

대한민국 역사상 가장 불운한 은퇴자, 코로나의 시대를 살아가는 퇴직자지만 괜찮아요. 불쑥불쑥 불안감이 치솟고 어떤 날은 온종일 우울하기도 해요. 하지만 더 많은 날을 설레는 마음으로 맞이하기로 작정했지요. 오늘은 어떤 책을 만나고 어떤 길을 걷고 어떤 파도를 타게 될까. 두려움보다 설렘의 힘이 셉니다.

외로움이
찾아오면
반갑다고 해주세요

　살면서 가장 행복했던 순간이 언제였나요? 저는 2018년 1월 어느 날이 생각납니다. 그 무렵 봇물 터지듯 좋은 일들이 일어났지요. 《영어책 한 권 외워봤니?》에 이어 《매일 아침 써봤니?》가 나오자마자 베스트셀러에 올랐어요. 2012년 MBC 파업으로 송출실로 좌천되었다가 7년 만에 드라마 본부에 복귀하여 채시라 씨가 주연하는 〈이별이 떠났다〉 연출을 맡았고요. 거기다 런던 출장의 기회까지 얻었어요. BBC 등 영국 방송사를 만나 드라마 포맷 수출에 대해 논의하는 자리였지요.

　런던은 제가 가장 좋아하는 도시 중 하나예요. 웨스트엔드 뮤지컬을 좋아하거든요. 짠돌이인 저는 아침 일찍 현장에서 판매하는 반값 티켓을 살 테니 무대에서 좀 떨어진 객석에서 관람할 게 분명해요. 멀리서도 공연을 잘 보고 싶은 욕심에 출장 가기 전 안경을 새로 맞추기로 했어요. 안과에 갔더니 생각보다 검사항목도 많고 시간도 오래 걸리더군요. 검사를 마친 의사 선생님이 심각한 표정으로 물으셨어요.

"병원에 오신 특별한 이유가 있나요? 최근 사물이 갑자기 잘 안 보인다든지요."

"아뇨, 불편한 점은 전혀 없고요. 그냥 안경 맞춘 지 너무 오래돼서 새로 맞추려는 건데요."

"정밀검사를 한 번 더 해봐야 정확하게 알 수 있긴 한데요. 아무래도 선생님은 녹내장을 앓고 계신 것 같아요."

재검 예약을 하고 나오는 길에 인터넷 검색을 해봤어요. 녹내장이 뭐지?

녹내장은 눈에서 대뇌로 시각정보를 전달하는 시신경이 손상되는 질환 중의 하나로 시신경이 손상되면 시야가 점점 좁아지며 결국에는 실명하게 되는데 말기까지 본인이 느끼는 증상이 거의 없다.

허걱, 실명이라고? 내가 시력을 잃게 되는 거라고? 정밀검사를 받아보니 녹내장이 맞더군요. 조금씩 시력이 나빠지다 결국 실명에 이를 수도 있다는 겁니다. 꾸준히 안약을 넣어 안압 관리를 하면 그나마 병의 진행 속도를 늦춰주긴 하지만 아직까지 수술이나 확실한 치료법이 없는 거예요.

드라마 피디가 직업이고 독서가 취미인 나에게 시각 장애라니! 몇 년간 숨 막히는 시절을 견디고 이제 겨우 드라마 현업에 복귀했는데 왜 하필 지금 이 순간에⋯. 그때 깨달았어요. 이것이 인생이구나. 인생에서 더 바랄 것이 없다고 생각하는 순간 예기치 않은 일이 뒤통수를 칩니다. 삶은 그냥 고난과 시련의 연속이고 잠깐씩 행복한 거구나.

녹내장 진단을 받고 한동안 힘들었지만 가만히 있을 수만은 없었어요. 뭐라도 준비해야 할 것 같았어요. 만약 앞을 볼 수 없는 날이 온다면 책은 어떻게 읽지? 자전거 통근을 할 때 즐겨듣던 오디오북이 떠올랐어요. 귀로 듣는 오디오북 서비스가 있고 글자를 말로 읽어주는 TTS(Text to Speech) 서비스도 있으니 앞이 보이지 않아도 독서의 즐거움은 계속 누릴 수 있겠구나.

그렇다면 글은 어떻게 쓰지? 요즘은 스마트폰 음성 인식 기술이 굉장해요. 말을 하면 글자로 변환해 주는데 나날이 정확도가 높아지더라고요. 말로 녹음을 하고 글자로 변환된 부분을 다시 들으며 원고를 보완할 수 있으니 책도 계속 쓸 수 있겠네요. 시각 장애가 있는 이근후 선생님은 활동 지원사의 도움을 받아 책도 쓰고 유튜브도 하셔요. 구십이 넘은 선생님을 보면서 희망을 끌어모았습니다.

남산 둘레길을 걷던 어느 날, 시각장애인 몇 분이 산책을 즐기는 모습을 보았어요. 보행자 전용도로에 시각장애인 유도 블록이 설치되어서 안전하게 산책할 수 있게 되었더군요. 나도 언젠가 발바닥의 감각을 이용해 남산을 걷는 날이 오겠지요. 시력을 잃으면 모든 게 끝날 것 같았는데 의외로 괜찮네요. 독서와 글쓰기, 걷기의 즐거움은 여전히 누릴 수 있으니까요. 또 알아요, 아직은 없지만 눈을 대신할 뭔가가 나올지도요.

문득 내가 책을 읽고 글을 쓰는 사람이라는 점이 참 다행스럽다고 느껴졌어요. 오랜 세월 책을 읽으며 저자들이 들려주는 이야기에서 위로와 희망을 얻었습니다. 언젠가는 저도 꿈과 희망을 이야기하는 저자가 되고 싶어요. '책을 만드는 사람보다 책이 만드는 사람이 더 많다.'는 말이 있지요. 저는 독서로 인생을 바꾼 사람입니다. 제 삶에서 고난과 시련을 만난다면 그 또한 글감이 되고 누군가에게 도움이 되면 좋겠어요.

회사에 다닐 때, 저는 엘리베이터를 타는 게 두려웠어요. 문이 열릴 때 어떤 사람이 타고 있는지 모르기 때문이죠. 2012년 노조 부위원장으로 일하며 170일 동안 파업을 했어요. 그렇게 길게 싸우고 나면 사람들의 삶이 갈립니다. 파업 중 노조를 탈퇴하고 복귀해 보직 부장이 된 사람도 있고요. 파업 후 좌천되어 현업에서 쫓겨난 조합원도 많아요. 엘리베이터에서 사람을 만나면 그런 생각을 해요. 둘 중 어느쪽일까? 나를 미워할까, 나를 원망할까? 그런 생각을 하며 사는 하루하루가 너무 괴로웠습니다. 결국 엘리베이터 대신 계단으로 다녔어요. 13층 휴게실도, 2층 자료실도, 다 걸어서 다녔어요.

신문 칼럼으로 욕을 먹을 즈음엔 회사를 다니는 게 더 힘들어졌어요. 사람들이 다 나를 보고 수군거리는 것 같았어요. '저 친구, 그렇게 날뛰더니 한 방에 훅 갔구먼.', '어쩌냐 저 선배, 이제 맛이 갔네.' 고소하다고 할까, 불쌍하다고 할까? 온라인에 저를 성토하는 글이 올라올 때도 숨이 막혔지요. 사람들이 마치 제게 '인간아, 왜 사니?' 하고 저주를 퍼붓는 것 같았거든요. 내 머릿속에서 시끄럽게 짖어대는 망상을 끄기 위해 고독을 선택했습니다. 퇴사를 선택하고 SNS 앱을 지우고 블로그도 닫고, 처절하게 외로워지기로 했어요.

고독해지니 비로소 내가 보였어요. 아, 내가 참 불쌍하구나. 사람들이 미워하고 원망하는 나를, 나까지 원망하면 너무 가여웠습니다. 그래서 나는 나를 챙겨주기로 했어요. 내가 가장 좋아하는 일을 매일 반복했어요. 읽고 싶은 책을 읽고 걷고 싶은 길을 걸었어요. 다행이에요. 도서관에 가면 늘 읽고 싶은 책이 있고, 길을 나서면 매일 새로운 풍광이 나를 반겨줬습니다.

외로움이 찾아오면, 반갑다고 해주세요. 이제 나를 온전히 사랑할 수 있는 시간이 온 겁니다. 다른 사람 눈치 살피고, 세상의 평가에 휘둘리느라 나를 잊고 살았는데, 그런 내가 나를 찾아온 겁니다. 이젠 나를 좀 돌봐줘.

2년간 칩거하며 책을 읽고 길을 걸었습니다. 조금은 쓸쓸했고 외롭기도 했지만 '어떻게 살 것인가?' 수없이 되묻다 보니 훌쩍 지나갔네요. 이제 100세 인생이라는데, 그만큼 외로움의 시간이 더 길어지면 어떻게 견뎌야 할까. 그렇게 혼자 묻고 답한 내용을 책으로 묶어냅니다. 모자라고 부족하지만 외로움이 저에게 가르쳐준 소중한 깨달음입니다.

블로그를 다시 시작했을 때 많은 분이 응원해 주셨어요. 살면서 잘못을 저지를 때도 있지만 그럼에도 삶은 계속 이어집니다. 부러 블로그에 찾아와 따뜻한 댓글을 남겨주신 분들 덕분에 글을 계속 쓸 수 있었어요.

삶은 하루하루가 다 선물입니다.

이 말을 참 좋아합니다. 지금까지 제가 만난 인연은 모

두 내 삶의 은인입니다. 이렇게 책으로 만나는 한분 한분도
요. 저에게 마음의 손을 내밀어주신 여러분, 정말 고맙습니
다. 우리 모두 고난과 시련 속에 답을 찾아가는 삶을 살기를
소망합니다. 삶은 여전히 하루하루가 다 선물입니다. 고난과
시련까지도.

2023년 새해
김민식

외로움 수업

초판 1쇄 발행 2023년 1월 13일
초판 7쇄 발행 2024년 12월 13일

지은이 | 김민식

발행인 | 박재호
주간 | 김선경
편집팀 | 강혜진, 허지희
마케팅팀 | 김용범
총무팀 | 김명숙

기획 | 고래방 최지은
디자인 | 형태와내용사이
표지 사진 | 김상수
교정교열 | 문혜영
종이 | 세종페이퍼
인쇄 · 제본 | 한영문화사

발행처 | 생각정원
출판신고 | 제25100-2011-000320호
주소 | 서울시 마포구 양화로156(동교동) LG팰리스 814호
전화 | 02-334-7932 · **팩스** | 02-334-7933
전자우편 | 3347932@gmail.com

ISBN 979-11-91360-60-8 (03190)